郷土の食材と料理

あいちのおかず

服部一景・編著

あいちのおかず
郷土の食材と料理

④ 発端…旅の始まりは尾張

⑫④ エピローグ…粕煮　⑫③ 愛知の味噌蔵

あいちの食材図鑑
- ⑥ 畑図鑑
- ⑧ 果実
- ⑨ 山野・畜産
- ⑩ 魚図鑑

あいち 春 の食材………14
あいち 夏 の食材………38
あいち 秋 の食材………62
あいち 冬 の食材………94

あいち食紀行
- ⑳ オーガニックファーマーズ朝市村
- ㉔ 生命の詩
- ㉘ The Mountain Plaza 山の広場
- ㊸ 伝統野菜
- ㊽ 若い力
- 52 醤油搾り
- 68 芋掘り大会
- 72 蓮畑の道の駅
- 76 師崎漁港
- 80 篠島へ
- 86 豆味噌とたまり
- 100 八丁味噌と佃煮
- 104 きしめん
- 110 醸造所 焼酎とみりん
- 112 愛知の地酒
- 118 地野菜旬膳
- 126 Special Thanks
- 128 藤竹飯

もくじ

旬の地野菜で料理を楽しむ●長田勇久

一灯 春 夏秋冬……………34
一灯 春 夏 秋冬……………58
一灯 春夏 秋 冬……………90
一灯 春夏秋 冬 ……………122

愛知県の市町村

名古屋市・一宮市…………129	東海市・大府市…………143
瀬戸市・春日井市…………130	知多市・阿久比町………144
犬山市・江南市……………131	東浦町・南知多町………145
小牧市・稲沢市……………132	美浜町・武豊町…………146
尾張旭市・岩倉市…………133	岡崎市・碧南市…………147
豊明市・日進市……………134	刈谷市・豊田市…………148
清須市・北名古屋市………135	安城市・西尾市…………149
長久手市・東郷町…………136	知立市・高浜市…………150
豊山町・大口町……………137	みよし市・幸田町………151
扶桑町・津島市……………138	豊橋市・豊川市…………152
愛西市・弥富市……………139	蒲郡市・新城市…………153
あま市・大治町……………140	田原市・設楽町…………154
蟹江町・飛島村……………141	東栄町・豊根村…………155
半田市・常滑市……………142	

協賛広告……………157　　奥付……………168

春をいただく .... ⓬ いちごばたけで
新美優月（美浜町・小学生）

- 16 そら豆と鶏ささみの翡翠炒め
  - ●グリーンアスパラガスのフリッター
- 17 春キャベツのロールサラダ●春キャベツのポタージュスープ
  - ●ブロッコリーのマヨ味噌
- 18 季節野菜の粕煮●串切りキャベツの蒸し焼き納豆ソース
- 19 菜花のわさび醤油和え●藤竹飯●茎ワカメとささみの味噌煮
- 22 ふきの煮物●知多のきゃらぶき●知多のふき巻き寿司
- 23 たけのこの木の芽和え●生ハムとたまねぎのマリネ風炒め
  - ●スナップえんどうとじゃがいものクリームチーズ炒め
- 26 ヒジキとツナのサラダ●豊浜産ヒジキと大豆の五目煮
  - ●ヒジキの煮物
- 27 ちりめんじゃこの佃煮●ワカメ味噌（合わせ味噌）
  - ●ワカメの茎煮
- 30 黒鯛のたまりの煮付け●黒鯛のお刺身
- 31 ゼンメの醤油干し●天むす●シラスご飯
- 32 太巻き●山菜おこわ●わさび菜のおにぎり
- 33 箱ずし●あげ●桜の花の塩漬け

夏をいただく .... ㊱ すいかあまいな
狩野絢南（大府市・園児）

- 40 スズキとエリンギの蒸し焼き●かりもりの粕漬け
- 41 とうもろこしとゴーヤの和風グラタン●梅おろしきしめん
- 42 かぼちゃと小魚の南蛮漬け●タコ飯
- 43 タコと季節野菜のサラダ●マダコの白子煮
- 46 天ぷら冷や麦●冷や麦のオムレツ
- 47 焼きそうめん●コノシロのおからずし●小松菜とエビのおひたし
- 50 ズッキーニのトマトクリームソース
  - ●とうもろこしのカラフルライス
- 51 なすのあんかけ丼●しょうがの甘酢漬け●冬瓜の酢辣湯スープ
- 54 トマト丼●トマトの月見コロッケ
- 55 トマトのやごのてんぷら●トマトの茎の煮びたし●手羽先
- 56 なすのステーキ肉味噌仕立て●なすとオクラのキーマカレー
- 57 ころころ野菜のラタトゥーユ●天狗なすの揚げびたし

秋をいただく .... ⓺⓪ わが家のいねかり
鈴木煌晟（刈谷市・小学生）

- 64 鶏のいちじくロール●いちじくのマフィン
- 65 いちじくの田楽●梨のスープ●青パパイヤと豚肉の炒め物
- 66 きのこと厚切りベーコンのクリームスープ
  - ●エビとごぼうの雑穀サラダ
- 67 根菜の唐揚げ●紫いもコロッケ●大学さといも
- 70 スイートポテトの豆乳カルボナーラ●豆乳担々麺
- 71 豆乳シチュー●豆乳のキッシュ●季節野菜のポテトサラダ
- 74 野菜あんかけ焼きそば●赤米の三色おはぎ
- 75 じゃがいもとコンビーフの酒蒸し煮●まこもたけのフライ
  - ●銀杏おむすび
- 78 ベジフルジャム●鬼まんじゅう
- 79 柿とさつまいもとかぼちゃのサラダ
  - ●さつまいもとりんごのアイス
- 82 さつまいもあんの揚げパン
  - ●おいもと干し柿とりんごのペースト
- 83 さといもとイカの煮物●さといもの煮ころがし
  - ●さといものそばがき
- 84 米粉のシフォンケーキ●米粉のピザ
- 85 米ぬかクッキー●五平餅
- 88 肉じゃがオムレツ●おかず茶碗蒸し
- 89 菊芋の味噌漬け●ウコンご飯●ホタテ鍋の味噌焼き

冬をいただく .... ⓽⓶ たけとよ町たまりつくり
岸川京介（武豊町・小学生）

- 96 冬大根のステーキ●豆腐と大根のほっこりスープ
- 97 かぶの味噌マヨ和え●焼きかぶら●こわもち
- 98 イカブリ大根●大根とこんにゃくの照り焼き●沢庵漬け
- 99 切り干し大根のおいなりさん●だいこんの煮物
- 102 にんじんそぼろご飯●かしわもも肉の照り焼き
- 103 カリカリにんじん●ごぼうとにんじんのきんぴら
  - ●へきなん美人のオリーブオイルサラダ
- 106 白菜キムチ●白菜と鶏団子の豆乳鍋
- 107 とろりん白菜のしょうが焼き風●白菜のごま和え
  - ●紫大根の甘酢漬け
- 108 大高菜のお雑煮●味噌煮込みうどん
- 109 大高菜の辛子和え●どて煮●篠島風 味噌焼き
- 114 れんこんボール●れんこんの煮和え●れんこんの天ぷら
- 115 れんこんの甘煮●れんこんの蒲焼き●れんこんバーグ
- 116 たまねぎとスズキのだしスープ●みず和え
- 117 茹で落花生●アカモクのポン酢和え●のりの佃煮
- 120 黒豆とごぼうの煮物●さといものフライ●八名丸のきぬかつぎ
- 121 里芋のコロッケ●いもまんじゅう●いも煮

プロローグ●発端

　旅の始まりは尾張。室町末期から続く津島天王祭宵祭からだ。くれなずむ青い夕闇の水面に、とりどりの灯が揺れる。漆黒の森陰から灯りを点した船が現れる。提灯は半球型に365、垂直に12、日月を表す数である。600年の歴史絵巻は真夏の夜の夢のよう…。24歳の信長も見物した。半世紀後の慶長15年(1611)、名古屋城が完成する。天下統一の最後の布石、今の名古屋市の発端だ。ものづくりで知られる愛知は農業県でもある。尾張は江戸時代から野菜の名産地。木曽川流域の沖積土壌と温暖な気候、東西を結ぶ交通の要、何よりも尾張徳川62万石の城下町が控えていた。生産・流通・消費が揃った好適地。尾張名所図会「青物市」(清須市枇杷島)には城郭完成4年後の様子が描かれる。藩唯一の青物市場では伝統野菜の宮重大根と方領大根も名産品として紹介される。
　そして今、東区栄駅オアシス21では朝市村が開かれている。

津島試楽『尾張名所圖會』天保15年(1844)刊(愛知県立図書館)

旅のお供らじる

青物市『尾張名所圖會』(愛知県立図書館)

朝市村は生産者と消費者の交流場でもある(朝市村)

まがると風が海ちかい豌豆畑　山頭火
（渥美半島）

春をいただく

水ぬるむ時季(とき)
はす田の水路にはせり、
小川の土手にはふきがのぞく。
つくし、れんげ、なのはな…
田んぼや畦は花畑だ。
三河では五寸にんじんや新たまねぎ、
渥美半島ではキャベツの収穫最盛期。
コウナゴは伊勢湾の春告魚だ。
浜は潮干狩り、里山は山菜採りでにぎわう。

『たんぼのよこのイチゴばたけでいちごがり』
新美優月（美浜町・小学生）
（水土里ネット愛知「ふるさとの田んぼと水」子ども絵画展 2014 入選）

あいちの春

たまねぎ【玉葱】

●愛知県産は4月〜7月に、収穫したあと天日で干し、すぐに出荷する新たまねぎである点が特徴。他産地は通年出荷。主要成分の硫化アリルは、ビタミンB_1の吸収を助けて新陳代謝を活発にし、コレステロールの代謝を促し、血液をサラサラにしてくれる効果がある。早出しのサラダ用たまねぎや、ソースなどの加工用たまねぎがある。主な産地は碧南市・東海市・大府市・知多市・豊橋市・西尾市。知多半島では「ペコロス」と呼ばれる密植栽培で作られるミニたまねぎの生産も盛ん。やわらかい肉質と甘みがあるのが特徴。

主な料理 サラダ・ハンバーグ・カレー・シチュー・野菜炒め・酢豚など

キャベツ【cabbege】

●ビタミンUが含まれており胃炎によい。他にもビタミンC、カルシウム、カロテンが含まれている。比較的どこでも栽培しやすく、収穫期の幅が広く、大規模栽培にも向いている野菜である。全国で20％のシェアがあり、作付け面積は日本一、産出額は全国2位である。主な産地は田原市・豊橋市。11月〜12月採りの秋冬キャベツ、1月〜3月採りのやわらかく甘みのある春キャベツ、5月〜6月採りの初夏キャベツがある。

主な料理 千切り・ロールキャベツ・野菜炒め・お好み焼きなど

シャコ【蝦蛄】

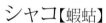

●シャコの英名は「mantis shrimp」。カマキリのようなエビである。この鎌状の捕脚を使って甲殻類や小魚を捕食する。日本各地の内湾や内海に生息している。水深10〜30cmほどの砂泥底に穴を掘ってすんでいる。愛知県では伊勢湾、三河湾のほぼ全域が漁場となっていることもあり、全国でも有数の漁獲量を誇っている。主な産地は南知多町・西尾市・蒲郡市・常滑市。1年中水揚げされるが、春から夏にかけて漁獲量が多くなる。活シャコはすぐに茹でるのが鉄則。

主な料理 塩茹で

たけのこ【筍】

●竹の地下茎から枝分かれした若い芽が食用。最も一般的なのが孟宗竹のたけのこ。18世紀に鹿児島から日本各地にひろがった。栄養分はタンパク質、ビタミンB_1やビタミンB_2、ミネラルを多く含み、植物繊維も豊富。春先、地面から出かけている頃のたけのこはアクが少なく、風味、歯ごたえともに抜群。4月〜5月に出荷される。

主な料理 たけのこご飯・煮物など

シラス【シロメ】（知多）

●主にイワシ類の稚仔魚の総称。大きさは3cmくらい。食用とされるものは主にカタクチイワシで「カタクチシラス」と呼ばれる。マイワシの漁獲が大幅に減ったためである。知多半島の先端部（伊勢湾）や渥美半島沿岸部が主な漁場。漁期は春から秋にかけて。主な産地は南知多町・碧南市・田原市。愛知県の漁獲量は全国有数で、最も有名なのが篠島。水揚げされたシラスは、塩茹でにして生干しする釜揚げ、長時間干すチリメン、カチリに加工される。高タンパクで低脂肪。骨の成長に欠かせないカルシウムもたっぷり含まれている。

主な料理 シラスご飯・サラダ・天ぷら

食材

ブロッコリー【broccoli】

●カリフラワーと同様にキャベツの変種。小さな蕾のかたまりと茎を食べる。「緑花野菜」とも呼ばれる。ビタミンCとカロチンが豊富で、キャベツの約四倍も含んでいる。鉄分とクロム、カリウム、カルシウムも多く含まれている。品種を組み合わせ、10月〜5月まで収穫される。アクがほとんどなく、茹でるとほのかな甘みがあり、鮮度のよいものほどやわらかく美味しい。主な産地は田原市・豊橋市。

主な料理　サラダ・野菜炒め・スープなど

アサリ【浅利】

●縄文時代からの食材。漁獲量は全国1位で、愛知県のブランドとして通っている。一年中手に入るが、特に美味しいのは春。身がよく詰まって殻がはちきれそうなものが最高とされる。旨味はグリコーゲンが豊富なこと。貧血の予防に効果的なビタミンB_{12}や鉄分、肝機能を正常に保つ働きがあるとされるタウリンも多く含んでいる。お酒を飲んだ後はアサリの味噌汁を。

主な料理　味噌汁・アサリバター・スープなど

ふき【蕗】

●平安時代から栽培されていた数少ない日本原産の野菜で愛知県での生産は明治時代から始まり、東海市や知多市など知多半島を中心に栽培されている。10月上旬から5月上旬まで収穫、出荷される。食物繊維が豊富。愛知県産はやわらかく食べやすい。収穫量は日本一。みずみずしい淡緑色と独特の香り、代表的な春野菜である。主な産地は東海市・知多市・南知多町・愛西市・稲沢市。

主な料理　青煮・きゃらぶき

ふきのとう【蕗の塔】

●つぼみ（花序）が「ふきのとう」で春一番の山菜。花が黄色いのは雄株、白いのが雌株。カロチン、ビタミンA、カリウム、リン、鉄分などの栄養価はふきよりも高く、繊維質も豊富。

主な料理　天ぷら・味噌炒め

ワカメ【若布】

●多くは養殖で、秋ころにワカメの種をつけた種糸を海中に吊るし、冬から早春にかけて伸びたものを収穫する。主な産地は南知多町・西尾市・田原市。収穫したワカメを湯通しした漁港のワカメ干しは早春の風物詩。湯通しした塩蔵ワカメや乾燥ワカメなどの加工品として出荷されるが、旬の時期には生ワカメが手に入る。

主な料理　味噌汁・刺身・しゃぶしゃぶなど

緑色が宝石のよう
そら豆と鶏ささみの翡翠炒め

● 材料（4人分）

そら豆……160g
鶏ガラスープの素……小さじ2
鶏ささみ……4本
酒……大さじ1
しょうが……10g
茹で汁……200ml
塩こしょう……適量
片栗粉……小さじ2
水……大さじ1
オリーブオイル……適量

● 作り方

1. そら豆は塩茹でして薄皮をむく。鶏ささみは筋をとり、そぎ切りにして酒をふりかけておく。しょうがは千切りにする。
2. フライパンにオリーブオイルをひき、しょうがの千切りを炒めてからささみを入れて炒める。
3. ささみの色が変わったら、茹で汁と鶏ガラスープの素を入れてひと煮立ちさせ、塩こしょうで味を調える。
4. いったん火を止め、水で溶いておいた片栗粉を入れ、まんべんなく混ぜ合わせる。
5. 再び火をつけ、とろみがついたら、茹でておいたそら豆を入れ、さっと混ぜる。

服部佳世子 ワンポイント
そら豆は、さや付きであれば500gになります。

サクッと香ばしい
グリーンアスパラガスのフリッター

● 材料（4人分）

アスパラガス……8本
小麦粉……120g
炭酸水（無糖）……200cc
塩……少々
卵黄または全卵……4個
揚げ油……適量

● 作り方

1. アスパラガスはかたい部分を切り落とし、食べやすい長さに切る。皮がかたければピーラーでむいてもよい。
2. 小麦粉を炭酸水で溶いておく。
3. 1のアスパラガスに小麦粉（分量外）をつけ、2の衣をつける。
4. 180度の油で、少し色づく程度に3を揚げる。
5. 卵黄にも衣をつけ、衣に火が通るくらいに揚げる（中は半熟）。
【電子レンジの場合】水で濡らした小さな器に卵を割って水をほんの少しかけ、500wで30〜40秒あたためる。
6. お皿に盛り、塩を少しかけて半熟の卵を添える。

服部佳世子 ワンポイント
アスパラガスには、新陳代謝を高めたり、疲労を回復する効果があります。

パーティーレシピにも
春キャベツのロールサラダ

● 材料（4人分）
- 春キャベツ……4枚
- にんじん……1本
- スライスチーズ……4枚
- マヨネーズ……大さじ2
- マスタード……少々
- 塩……少々

● 作り方
1. キャベツは芯を取って半分に切る。にんじんは千切り、チーズは半分に切る。
2. 1のキャベツに塩をふり、電子レンジ（500w）で2分ほど加熱する。
3. キャベツが冷えてから広げ、チーズ・にんじん・マヨネーズ・マスタードをのせ手前から巻く。
4. つまようじや串に刺してから、食べやすい大きさに切る。

 高木幹夫　ワンポイント
キャベツはビタミンCが豊富で、美肌効果も！

季節の彩香を感じる
春キャベツのポタージュスープ

● 材料（4人分）
- 春キャベツ……400g（中玉1/2個）
- たまねぎ……1/2個
- オリーブオイル……大さじ2
- チキンブイヨン……800cc
- 生クリーム……120cc
- 塩こしょう……少々

● 作り方
1. キャベツは葉の部分を少しトッピング用に取り分け（みじん切り）、残りは千切りにする。たまねぎは粗みじん切りにする。
2. 鍋にオリーブオイルと1のたまねぎを入れて炒め、香りが出てきたら千切りキャベツを加えて油が全体に回る程度に軽く炒める。
3. 2へチキンブイヨンを入れ、5分ほど煮てミキサーにかける。
4. 3を鍋に戻し、生クリームを加える。沸騰させないように温めなおして塩こしょうで味を調える。
5. 器に盛り付け、取り分けておいたトッピング用キャベツをのせ、オリーブオイル（分量外）をたらす。

 近藤香織　ワンポイント
キャベツは免疫力を高め、風邪の予防にもなります。

子どもに人気
ブロッコリーのマヨ味噌

● 材料（4人分）
- ブロッコリー……1株
- マヨネーズ……大さじ2
- 味噌……小さじ1
- 砂糖……小さじ2
- チーズ……適量

● 作り方
1. ブロッコリーは食べやすい大きさの小房にわけ、かために茹でる。
2. マヨネーズ・味噌・砂糖をよく混ぜ合わせたら、1のブロッコリーにからめる。
3. 器に盛ってチーズをかけ、オーブンでチーズが溶けるくらいまで焼く。

 山口幸江　ワンポイント
ブロッコリーが苦手な子どもたちにもおすすめです。

季節の彩香を感じる
季節野菜の粕煮

●材料（4人分）

ブリ……80g
だいこん……120g
にんじん……50g
れんこん……40g
干ししいたけ……大1枚
スナップエンドウ……4本
ゆで汁……600cc
酒粕……45g
白醤油・みりん……各大さじ3
しょうが……1片
七味……適宜

●作り方

1. 干ししいたけは前日から水で戻しておく。
2. ブリは人数分に切り、熱湯に通してすぐ冷水に落とす（霜降りにする）。
3. だいこんは大きめに、にんじん・れんこん・しいたけは一口大に切る。しいたけの戻し汁と共に鍋に入れる。
4. 野菜がかぶるよう水を足して火にかける。
5. 野菜に火が入ったらブリとしょうがを入れ、白醤油とみりんを加え、調味して煮る。
6. ブリに火が入ったら、酒粕を溶き入れる。少しコトコト煮る。
7. 器に盛り付け、ゆがいたスナップエンドウをのせ、好みで七味を振る。

長田勇久　ワンポイント
四季折々、旬の食材を粕煮で楽しめます。

キャベツたっぷり
串切りキャベツの納豆ソース

●材料（4人分）

キャベツ……1/4個
A｜顆粒コンソメ……2つまみ
　｜塩……2つまみ
　｜白ワイン……大さじ1
バルサミコ酢……小さじ1/2
醤油……小さじ1/4
ひきわり納豆……80g
B｜バルサミコ酢……小さじ1
　｜みりん……小さじ1/2
　｜醤油……小さじ1
　｜おろししょうが……小さじ1/2弱
削り節……適宜
しその葉……2枚
オリーブオイル……適量

●作り方

1. キャベツ1/4個は芯をつけたまま、さらに4等分する。
2. フライパンにオリーブオイルをひいて1を並べ、Aを加えて蓋をして蒸し焼きにする。
3. 途中で反対に返し、火が通ったらバルサミコ酢と醤油を加え、水分を飛ばしながら焦げ目をつける。
4. Bを混ぜてソースを作る。
5. 器に3を盛り付け、4・削り節・千切りにしたしその葉をのせる。

横山美紀　ワンポイント
やわらかキャベツとひきわり納豆…いつもとは違う、ちょっとおしゃれな味を楽しみましょう。

春の香り
菜の花のわさび醤油和え

● 材料（4人分）
菜の花……1束
醤油……大さじ1
酒……小さじ1
みりん……大さじ1/2
わさび……小さじ2

● 作り方
1 菜の花を沸騰した湯でゆがく。
2 調味料を合わせておいて、食べる直前に1と和える。

佐橋麻衣子 ワンポイント
調味料は食べる直前に和えると色鮮やかになります。ほろ苦さにわさび醤油がよく合います。

弁天様のお祭りの日に
藤竹飯

● 材料（5合）
にんじん……2本
鶏肉……100g
干ししいたけ（戻し汁も）……4枚
板こんにゃく……1枚
ちくわ（調理用）……2本
油揚げ（味噌汁用）……3枚
醤油……50cc
砂糖……小さじ1 1/2
顆粒だし……7g
油（炒め用）……少々

● 作り方
1 材料を小さく刻み、油で炒める。
2 しんなりしたら調味料を混ぜて加え、炒める。
3 しいたけの戻し汁を入れ、さらに炒める。
4 炒めて出た煮汁を、米を炊く水の定量の中に加えて炊く。
5 炊き上がったら、具をあたためて混ぜる。

山口幸江 ワンポイント
人参ごはんは混ぜご飯の基本です。篠島ではヒジキを混ぜてヒジキごはんにします。

食感を楽しむ
茎ワカメとささみの味噌煮

● 材料（4人分）
茎ワカメ……200g
鶏ささみ……100g
だし……200cc
一味……少々

A ─┬─ 赤味噌…30g
　　├─ 醤油…5cc
　　├─ 砂糖…20g
　　├─ にんにく…1片
　　├─ しょうが…1片
　　└─ 酒…20cc

● 作り方
1 茎ワカメは水にさらして塩抜きし、食べやすい大きさに切る。ささみも食べやすい大きさに切っておく。
2 だしを煮立たせてから、ささみとAを入れて煮る。
3 ささみに火が通ったら茎ワカメを入れて一煮立ちする。

伊藤雅啓 ワンポイント
好みで一味を振って…美味しいお酒の肴です。

あいち食紀行 ❶ オーガニックファーマーズ朝市村

名古屋東区中心街の地下広場…
毎週土曜、作った野菜を直接販売
旬産旬消、オーガニックを日常に。

▲オアシス21。地下広場の屋根は透明な「水の宇宙船」

▲「もっと笑顔の種まきを」と話すよしのたかこ村長

　土曜日の午前、名古屋市の中心に向かう。おかずの取材では地方に向かうのが基本だが、都市の中心街で朝採りの野菜が手に入る朝市が開かれているという。錦通と久屋大通の交差点にあるオアシス21の地階・銀河の広場。水を張ったガラスの池が吹き抜けの屋根になっている。風に揺れる水面の影が映る開放的な地下広場だ。朝市村は毎週土曜日の午前8時30分から3時間、開かれる。広場に並ぶのは無農薬の農産物や天然の魚介と加工品…。オーガニックファーマーが丹精込めた野菜を持って集まる。直接販売する場であると同時に、都市暮らしの人たちと出会う場にもなっている。夫の転勤で名古屋に来た村長のよしのさん。オーガニックを探すのに苦労した経験が朝市村のきっかけになった。にんじんクラブ・農業新聞の仕事を通して生産者や田畑とふれあった。農業を知るため農大にも入り直した。開村13年。オーガニックの芽は成長を続ける。「もっと笑顔の種まきを」が村のモットーである。

◀田原市の石川卓哉さん。朝市村まで100km強、2時間ほど。2009年に就農、稲作を中心に野菜や加工品を生産する。「健康な土づくり」を目指す

▶武豊町の黒田肇さん。朝市村まで約50km、1時間ほど。近くの漢方薬工場から出る薬草の搾りかすを発酵させた堆肥やボカシ肥料を使って、土づくりを目指す

▲岡崎市ののんのんファームの梅村里海さん（左）と牧野麻衣さんは病院の同僚。いろいろな種類の野菜を少しずつ育てる。年間50種類、常時10種類は揃える

▲16馬力のトラクターは広い畑用。操作方法は農機具屋さんに教わった。今、5箇所の畑で野菜を育てる。はなれ・ほくと・うえのはたけ・したのはたけ・さか…が畑の名前。それぞれの畑に個性があると言う

ふき料理の定番
知多のきゃらぶき

●材料
ふき……1kg
A ┬ 醤油…300cc
　├ 砂糖…50g
　├ 酒…100cc
　└ みりん…50cc

●作り方
1. ふきは皮がついたままよく洗い、5cmほどの長さに切る。
2. 沸騰したお湯でさっと茹で、水気を切る。
3. 鍋にAと2のふきを入れ、汁気がなくなるまで上下まぜながらゆっくり煮る。

おばあちゃんが教えてくれた
知多のふき巻き寿司

●材料（1本分）
ふきの煮浸し……20g
だし巻き卵…卵1個分
きゅうり……1/4本
桜でんぶ……大さじ2
しいたけの煮物……3枚
すし飯……240g
のり……1枚

●作り方
1. ふきの煮浸し、だし巻き卵、しいたけの煮物を作る。
2. きゅうりを海苔の長さに合わせて切る。
3. すし飯を作る。
4. まきすの上にのりをのせ、すし飯と具をのせて巻く。

春を味わう
ふきの煮物

●材料
ふき……5〜6本
油揚げ……1枚
だし汁……300cc
醤油……大さじ1/2
みりん…大さじ1/2
酒…大さじ1/2
塩…少々

●作り方
1. ふきを鍋の幅に切り、塩で板ずりする。
2. お湯が沸騰したら、塩がついたままのふきを入れ、5分ほど茹でる。
3. 茹でたふきを水の中で皮をむき、好みの長さに切る。
4. 油揚げは湯通しして細切りにする。
5. 鍋にだし汁を作り、ふきを入れて5分煮る。
6. 5の中に調味料を加えてまた5分煮る。

 ワンポイント 二瓶可奈子
柔らかくなりすぎないようにさっと茹でるのがコツです。

 美浜町 農村生活アドバイザー **ワンポイント**
ふきは胃腸の働きを整え、食欲増進効果があります。

 高木幹夫 **ワンポイント**
ふきの食感がアクセントになります。

たまねぎたっぷり
生ハムとたまねぎのマリネ風炒め

● 材料（4人分）
たまねぎ……2個(約400g)
生ハム……8枚
アスパラガス……4本
塩こしょう……少々
サラダ油……大さじ1
りんご酢……大さじ4
はちみつ……大さじ1 1/2
水……大さじ3 1/2
ミントの葉…4枚

● 作り方
1. たまねぎは薄切り、生ハムは一口大に切る。アスパラガスは塩を入れた湯で茹でてから5～6cmの長さに切る。
2. フライパンにサラダ油を熱し、たまねぎに色をつけないように5～6分炒める。さらにりんご酢、はちみつ、水を加えて2～3分煮て、塩こしょうで味を調える。
3. ボウルに生ハム、アスパラガス、甘みたっぷりに炒めたたまねぎを混ぜる。
4. 器に彩りよく盛り付け、最後にミントの葉を添える。

ワンポイント 高木幹夫
たまねぎの甘みがひき立ちます。りんご酢は穀物酢や米酢で代用できます。

クリームチーズとの相性抜群
スナップエンドウとじゃがいものクリームチーズ炒め

● 材料（4人分）
スナップエンドウ……150g
じゃがいも……中1個
クリームチーズ……80g
オリーブオイル……適量
A ┌ 醤油…小さじ1
  └ みりん…小さじ1
B ┌ 醤油…小さじ1/2
  └ みりん…小さじ1/2

● 作り方
1. スナップエンドウは筋をとり、固めに茹でる。水分を絞り、Aを絡めて軽く絞る。
2. じゃがいもは皮ごと柔らかくなるまで茹で、食べやすい大きさに切る。
3. フライパンにオリーブオイルをひき2を炒め、表面に焼き色がついたら1を加えてBで味付けする。
4. 柔らかくしたクリームチーズを加えて和え、器に盛り付ける。

ワンポイント 横山美紀
スナップエンドウはミネラルやビタミンが豊富で、食物繊維の供給源としても優れています。

木の芽味噌で味わう
たけのこの木の芽和え

● 材料（4人分）
たけのこ（茹でたものでひめかわに近い柔らかい部分）……150g
木の芽……20枚
絹さや……40g
【木の芽味噌】
赤味噌……100g　みりん……大さじ2
砂糖……100g　酒……大さじ2

● 作り方
1. 木の芽は包丁で叩くように細かく切る（飾り用に少し残す）。たけのこは上の部分は縦に切り、その下は薄く切る。
2. 鍋に赤味噌・砂糖を入れてよく混ぜて火にかけ、砂糖が溶けたらみりん・酒を入れて混ぜ、火を止める。
3. 2に切った木の芽を入れ、混ぜる。
4. 絹さやは塩を加えたお湯でさっと茹で、氷水にさらして水切りする。
5. 器にたけのこ、絹さやを盛り、上から木の芽味噌をかけ、木の芽を飾りつける。

ワンポイント 服部佳世子
絹さやは氷水にさらして色をきれいに出します。木の芽味噌は多めに作って保存しておくと便利です。

あいち食紀行 ❷ 生命の詩

知多半島丘陵部の森の中で、
朝陽を浴びた畑はまるで宝石箱…
たくさんの野菜の生命が育っている。

▲そら豆の種。一粒一粒に生命が詰まっている

　知多半島の丘陵部に続く森。猿や猪や鹿など大型獣がいないのは半島の付け根で市街地がガードしているからだ。畑を作っても荒らされる心配がない。森の畑で野菜を作る若者たちがいる。自然農なのできれいではありませんが…と、案内してくれたのは梅村晶子さんと山内夏美さん。山の広場での出会い。早朝の畑は清々しい空気に溢れている。三河湾の側から朝の光が差し込む。足元でキラリと光る。屈んで見る。葉の上に散った数え切れない水玉が宝石のように輝いている。1億4960万kmの彼方から届いた太陽光が醸す「時の風景」。生かされていることを実感する一瞬でもある。朝露を吸った小さな生命は緑の葉をぴんと張る。生命を育てる喜びが小さな世界にもある。

▲間引きした小さなにんじんも無駄にしない
◀ブロッコリーの葉に散りばめられた水玉

▲晶子さんの森の畑

▲夏美さんの森の畑

▼里山の田んぼ。黒米も育てている

▲田んぼと山の狭間では秋草の花盛り

ヒジキそのままの味で
ヒジキとツナのサラダ

● **材料（4人分）**

天然ヒジキ……100g（水で戻した量）
ツナ缶小……1缶
ごま油……大さじ1
すりごま……適量
サラダ菜……適量

● **作り方**

1. 天然ヒジキは水で戻し、さっと湯通しして水気を切る。
2. 汁気を切ったツナ缶とヒジキとごま油を和える。
3. すりごまをかけてサラダ菜と盛り付ける。

野村和永
ワンポイント
お好みで醤油、マヨネーズを加えても美味しいです。

熱々のご飯や酒の肴に
豊浜産ヒジキと大豆の五目煮

● **材料（4人分）**

天然ヒジキ……80g（水で戻した量）
大豆（水煮）……1缶
にんじん……1/4本
油揚げ……1枚
しいたけ……2枚
だし汁……100cc
A ｢砂糖・酒・醤油……各大さじ1
　 みりん……少々

● **作り方**

1. ヒジキは水で戻してさっと湯通ししてざるにあげておく。油揚げは湯通しして細切り。
2. にんじんは一口大、しいたけは細切りにする。
3. だし汁を煮立ててAを加え、具が柔らかくなるまで煮る。

島あすみ
ワンポイント
ヒジキにはカルシウムや食物繊維がたっぷりです。

おふくろの味
ヒジキの煮物

● **材料（4人分）**

天然ヒジキ……100g（水で戻した量）
にんじん……1/4本
油揚げ……1枚
しいたけ……2枚
A ｢だし汁……1カップ
　 砂糖・醤油・みりん……各大さじ1

● **作り方**

1. ヒジキは水で戻して湯通しし、ざるにあげておく。
2. 油揚げは湯通しして細切り、その他の具も食べやすい大きさに切る。
3. Aをひと煮立ちして油揚げ以外の具を入れ、にんじんが柔らかくなったら油揚げを加える。

木全民子
鈴垣しのぶ
ワンポイント
南知多産のヒジキ。細くて柔らかい新芽は美味しいです。

ご飯にのせてお茶漬けにして
ワカメ味噌

● 材料

ワカメ……適量
味噌……適量より多め
だし汁……少量

● 作り方

1 鍋に少量のだし汁を煮立て、味噌を濃い目に溶かし入れる。
2 わかめを加えて色が変わったら出来上がり。

▲ワカメ味噌ご飯　白いご飯にワカメ味噌をのせて…

▲ワカメ味噌茶漬け　その上にお茶を注いで…

辻 根美　ワンポイント
鍋でしゃぶしゃぶ風でも、小さな器で少量でも楽しめます。合わせ味噌で自分の味を出しましょう。

シャキシャキ感たっぷり
ワカメの茎煮

● 材料（4人分）

ワカメの茎……適量
醤油・砂糖・酒・みりん……各大さじ1
ごま……適量

● 作り方

1 ワカメの茎はよく洗い、さっと湯がいて斜め切りにする。
2 調味料を煮立たせて1を加える。
3 煮汁が少なくなるまで煮詰める。焦がさないように気をつける。

ほかほかご飯に
ちりめんじゃこの佃煮

● 材料（4人分）

ちりめんじゃこ……100g
A［醤油…大さじ4
　砂糖…大さじ4
　みりん…大さじ4
　酒…大さじ3］

● 作り方

1 ちりめんじゃこをAといっしょに炒め煮する。
2 煮詰まってきたら火を止めて冷ます。

木全民子　鈴垣しのぶ　ワンポイント　常備しておくと便利です。

木全民子　鈴垣しのぶ　ワンポイント　ワカメの茎は斜め切りにすることで、味を染みやすくします。

春のレシピ

あいち食紀行 ③ The Mountain plaza

里山の懐にできた野外劇場…
16年延べ2000人の汗の結晶だ。
人が集い、皆が繋がる場にしたい。

▲完成した舞台の上で製作者のヒメナさん・スティーブンさんと打ち合わせる杉浦剛さん

▼高さ13m厚さ1.8mの反響板は60tの粘土を積み上げ、周りを囲うように200tの煉瓦で囲った窯を作り、1ヶ月半かけて焼成した。プロジェクトの始まりは2000年、16年後に完成した。関わった人は延べ2000人だという

　里山の懐に野外劇場ができた。「山の広場（The Mountain Plaza）」だ。手作りの舞台の背後には土を焼いて作った音響板が立つ。巨大な縄文杉の根元のようでもある。土を素材にした造形作家スティーブンさんとヒメナさんの作品だが、16年間延べ2000人の地元の人たちの汗の結晶でもある。柿（こけら）落しでは子どもたちの合唱や尺八演奏などがあるという。この日はオープニング一週間前の前夜祭、地元の仲間の集まりだった。日を改めて、おかずの取材に伺った。山の広場は三河湾側だが二人の家は半島中央の丘陵の森を超えた伊勢湾側。知多半島中央部は横断しても6kmほど、歩くのにちょうど良い距離である。ヒメナさんの生誕地はペルーだが15歳の時にベネズエラへ。故郷の野菜はじゃがいも・トマト・とうもろこし…。もうすっかり日本人、と笑うヒメナさんのおかずは素材の味と香りを楽しむヘルシーな料理だった。

▶木立の中に立つ二人の家は素敵な佇まい。入口のスロープ脇に立つプレートは、いとこや親戚が住む都市の方向と距離を表す

▲さわやかな朝の木漏れ日が庭に差し込む。庭先の縁側に土付きの野菜が無造作に置かれていた

▶スティーブンさんが焼いたパンも造形作品のようである

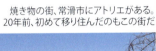

▲手作りの器に盛られた地ダコと地野菜のサラダ

▲夕食はスズキの煮物と玉ねぎのスープ。テーブルを囲むのは娘のアルバさんと息子のソラさん、その間はお手伝いのタロウさん

焼き物の街、常滑市にアトリエがある。20年前、初めて移り住んだのもこの街だ

▶森に増殖する竹は悩みのタネ。処分するのも大仕事だ。杉浦剛さんと大地さん父子

伊勢湾側の奥田海水浴場。海苔の養殖が行われる

河和口駅から知多奥田駅11.1kmを結ぶオレンジラインは知多半島丘陵部の森に続くウォーキングコースだ

知多湾側の布土の白浜。遠景は衣浦の工場地帯だろうか

■ 黒鯛の刺身

①クロダイの鱗を取り、ワタを除いて3枚に下ろす。
②新鮮な身は締まっていてぷりぷりなので薄切りにしていただく。

■ マダコの刺身

鍋に水と塩を入れ、沸騰したら頭を持ってタコを入れる。吹きこぼれないようにしながら15分ほど茹でる。

篠島流・黒鯛をおいしくいただく
黒鯛のたまりの煮付け

● 材料（4人分）
クロダイ……2尾
腹子……適量
たまり……適量
砂糖……適量
酒……適量

● 作り方
1 クロダイの鱗をひき、ワタを取って、身は鍋に入る大きさにぶつ切りにする。
2 鍋にたまりと酒、砂糖を少し加えて沸騰したところに魚を入れ、蓋をして煮る。グツグツして煮汁が上がってきたら火を調節してにこぼさないようにする。10分くらいで出来上がり。

■ 茹でサザエ

新鮮なサザエは塩茹でするのが美味しい。

■ タイラガイの刺身

タイラガイの正式名称は「タイラギ」。大きな貝柱が美味しい。冬から春にかけてが旬。

ワンポイント 辻 根美
お父さん（漁師）が作るときは醤油と水だけで煮ます。

ワンポイント 辻 根美
新鮮な魚介は余分なことをしないことが美味しくいただく秘訣です。旬の中に旬がある。本当に旨い一瞬です。

お弁当にも
天むす

● 材料（4人分）
車エビの天ぷら……適量
ご飯……3合
A[だし汁…大さじ2
  醤油・みりん…大さじ1]
のり

● 作り方
1 Aを一煮立ちさせてタレを作る。
2 エビの天ぷらをタレにつけてご飯でしっかり包む。
3 のりを巻いて固定する。

知多半島の魚
ゼンメの醤油干し

● 材料
ゼンメ……適量
A[醤油…大さじ2
  酒・みりん…大さじ1]
塩……少々

● 作り方
1 ゼンメは開いて塩を振り、水分を出す。水をよく拭き取る。
2 Aを混ぜて半日ほど漬ける。
3 風通しの良い場所で半日ほど陰干しし、両面が乾いたら出来上がり。

名古屋C 🧑ワンポイント
小さめのおにぎりなので、たくさん食べられます。

カルシウムたっぷり
シラスご飯

● 材料
ご飯
釜揚げシラス
しそ

● 作り方
1 温かいご飯にシラスをかける。
2 好みで細切りにしたしそをのせる。

伊藤雅啓 🧑ワンポイント
ゼンメとはヒイラギのことです。

辻 根美 🧑ワンポイント
しそをのせると彩りも香りも増します。

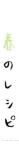

春の香りをふんだんに
山菜おこわ

● 材料
もち米……3合
にんじん……1本
しいたけ……3枚
山菜……200g
A ┌ 醤油…大さじ3
  │ 水…2カップ
  └ 昆布…適量
もち米……3合

● 作り方
1 もち米は洗って水に浸けておく。
2 にんじん、しいたけは千切りにして、Aを入れて水を多めに、煮物より薄味に煮る。
3 2が煮えたら山菜を加えて、火が通るくらいまで煮たらざるにあげる。
4 もち米を3で残った煮汁で炊く。
5 4が炊き上がったらざるにあげた具を混ぜ合わせる。

 ワンポイント 八木フミエ
残った煮汁はだしが出ていて美味しいので、いろいろ使えます。

ピリッと辛い
わさび菜のおにぎり

● 材料
ご飯……適量
わさび菜……適量
ごま……適量

● 作り方
1 わさび菜をみじん切りにして塩もみしておく。
2 1とごまを炊きたてのご飯と混ぜておにぎりにする。

花見や遠足など行楽に
太巻き

● 材料（2本分）
ご飯……1合
きゅうり……1/2本
カニかま……6本
桜でんぶ……適量
厚焼き卵……卵2個分
かんぴょう……適量
A ┌ 酢…大さじ2
  │ 砂糖…大さじ1
  └ 塩…小さじ1

● 作り方
1 Aを混ぜ、ご飯が熱いうちに混ぜこんで酢飯を作っておく。
2 きゅうりと厚焼きたまごは縦に半分、戻して味付けしたかんぴょうも長さを合わせて切っておく。
3 スノコにのりをひき、上下に隙間を残してご飯を広げる。
4 具を並べたら最後に桜でんぶを具に沿って散らし、手前からきつめに巻いていく。

 ワンポイント 八木フミエ
好きな具材を巻いて、バリエーションが楽しめます。

 ワンポイント 山内優美
彩りが春らしくきれいです。

行楽レシピにも
あげ

● **材料（10個分）**

油揚げ……5枚
A ┌ 醤油…大さじ6
　│ みりん…大さじ3
　│ 砂糖…大さじ2
　└ だし汁…1カップ
ご飯……2〜3合
B ┌ 酢…大さじ4
　│ 砂糖…大さじ2
　└ 塩…少々

● **作り方**

1. 油揚げはさっと湯通しして油抜きする。絞って半分に切る。
2. Aを煮立たせて1を加え、ひと煮立ちしたら火を止めて冷ます。
3. ご飯が炊けたら熱いうちにBを混ぜ込み冷ます。
4. 3を丸めて、軽く絞った揚げに包む。

ワンポイント 渡辺みさ子
いなりのことを「あげ」と呼びます。

彩りもきれい
箱ずし

● **材料（4人分）**

米……3合
A ┌ 酢…大さじ4
　│ 砂糖…大さじ2
　└ 塩…少々
おぼろ・しいたけ・カニかま…各適量
モロコ
サバの水煮（そぼろ）
卵……2個（薄焼き）
塩・砂糖……少々
醤油……適量

● **作り方**

1. 米は炊いてAで酢飯にする。
2. 卵は塩・砂糖少々で味付けし、薄焼きにする。1cm幅に切っておく。
3. サバの水煮はポロポロにくずし、カニかまは縦半分にさいておく。しいたけも薄切りにする。
4. モロコ、しいたけは醤油で煮ておく。
5. 箱型に酢飯を入れて全体におぼろを広げ、その上に具を順番に並べる。
6. 15分ほど押さえる。

ワンポイント 八木フミエ
ハレの日に作った郷土の料理箱に詰めたすし飯です。

春の盛り付けに
桜の花の塩漬け

● **材料**

桜の花……適量
塩……花の量の20%
梅酢……適量

● **作り方**

1. 桜の花はよく洗ってざるにあげる。キッチンペーパーなどでしっかり水気をとる。
2. 容器に花と塩を交互に入れる。密閉して一晩おく。
3. 上がってきた水分を拭き取って、密閉容器に花と梅酢をひたひたに入れ、重石をして1週間おく。
4. ざるにあげて、風通しの良いところで3日間ほど陰干し。
5. 容器に花と塩を交互に入れて保存する。

ワンポイント 森川美保
梅酢は梅干しを作るときに梅を塩漬けにして上がる酢のことです。梅干しと酢で代用できます。

春のレシピ

<small>こ は ん て ん は な れ</small>
一灯‥春夏秋冬

長田勇久さん

　暦の上では、立春（2月4日ころ）から立夏（5月6日ころ）の前日までの季節が春。陰暦の1月・2月・3月にあたります。季節の流れの中で作物を作り、行事を行いました。行事の料理、保存食は先人の知恵や工夫の産物です。春、里や麓にはたくさんの生命が芽吹きます。

前菜

ふき
　知多のふきは全国シェア40％以上の日本一。シャキシャキとした歯ごたえと独特の味わいが春を感じます。愛知の伝統野菜の一つです。スーパーでは長いまま葉付きで売っていることが少なくなりましたが、こちらの産直では昔通り、緑のラップで包んで長いまま売られています。

黒鯛
　春先には鯛や黒鯛がよく水揚げされます。一昔前、黒鯛は市場の仲買人さんが、たくさん獲れ過ぎて売るのに困る「くろう（苦労）だい」と言っていたこともありました。

黒鯛、新玉ねぎ、人参、南蛮漬
タコ、アスパラ酢みそ
知多ぶき千飄卵焼き

椀物

あさり
　愛知のあさりは漁獲量日本一。主な産地は三河の西尾（一色・吉良・幡豆）で、矢作川河口付近の肥沃な砂地。腰マンガという金属製の大きなカゴに柄がついた独特の道具を使います。知多半島や三河湾沿岸は潮干狩りで賑わいます。

　料理の代表は酒蒸し、味噌汁など。半田の亀崎には生のむき身を串に刺して干した串あさりがあります。炙ったり、天ぷらに…。5台の山車が繰り出す亀崎潮干祭（世界遺産）に振舞われます。また蒲郡にはたっぷりのあさりを入れた「ガマごりうどん」があります。

　椀物はあさりとキャベツ（愛知が生産日本一）ミニトマトを入れた吸い物。味付けは白醤油と日本酒、そして仕上げに完熟胡椒（稲沢市の倉田さんがカンボジアで栽培）。

三河湾あさり
春キャベツ、ミニトマト
完熟こしょう

酢の物

新玉ねぎ
　碧南、知多半島を中心に新玉ねぎが出ます。伝統野菜は、養父早生玉ねぎと白早生玉ねぎ。品種改良されて辛味の少ないサラダ系の品種が多くなってきました。4月10日は「良い新玉ねぎの日」で愛知県産の新玉ねぎをPRしてます。

グレープフルーツ
　南知多の萬秀フルーツさんが、減農薬栽培、ワックス処理無しで完熟出荷してます。春から夏にかけてが旬。皮もワイン煮にしてます。

平貝
　三河湾で獲れる貝、ホタテよりも歯ごたえがあり、殻は黒くて大きい。昔は海水浴で殻を踏んで足を切ったことがある人も結構いるみたいです。

平貝、わかめ、新玉ねぎ
南知多グレープフルーツ
スナップエンドウ
白醤油ドレッシング

碧南市の日本料理店一灯に「地野菜旬膳」というメニューがあります。前菜・椀物・酢の物・煮物・ご飯・デザート…と旬の素材を存分に堪能できる献立です。地野菜・地魚、豆味噌やたまり・八丁味噌、白だし・みりんなどの調味料、日本酒も地元産を揃えています。もちろん店主も…。春・夏・秋・冬の旬膳をご主人の説明とともに誌上で再現します。

煮物
筍
3月ぐらいから出初め4月が盛りの時期です。この辺りは西尾や常滑の山から届きます。やはり初物で地元の物は喜ばれます。たっぷりのお湯に糠と唐辛子を入れ、すっと竹串が通るまで茹でてそのまま冷ます。掘ってきてすぐの物は茹で時間が短いし、アクが少ない。4月も後半になってくると掘りたての大きい筍をいただきます。みんな喜ぶ筍たっぷりのご飯となります。

豚肉
三河でもかつては養豚が盛んでした。輸入豚との価格の違い、生育コストや臭いなど環境の問題があり、かなり少なくなりました。後継者問題がここにもあります。西尾市一色の渡辺さんが育てている「おいんく豚」は、品種や育て方、安心な餌や水、そして環境面にも考慮してます。肉質がきれいで脂身が美味しい豚肉です。名前の由来は英語圏での豚の鳴き声（オインク）から。

ご飯
人参
碧南は人参の一大産地。「碧南鮮紅五寸人参」は甘みがあっておいしい。他の産地よりも出荷が早く、かつては「人参御殿」が建ったともいわれています。元種は江戸三寸人参。それを改良した「八事五寸人参」、そして「木の山五寸人参」と共に愛知の伝統野菜です。今ではその改良型「へきなん美人」が主流。生で食べても甘く、いわゆる人参臭くないのでサラダやジュースもおすすめ。かつては子供が嫌いな野菜ランキングの常連だった人参も様変わり。

代表料理は人参ごはん。人参・油揚げ・椎茸などをたまり醤油と砂糖で甘辛く煮たものを混ぜたごはん。隣の高浜市は養鶏が盛んだったので、かしわ（鶏肉）を入れた鶏めし。炊き込みご飯よりも混ぜご飯が多い土地柄です。豊川の稲荷ずしも甘辛く煮た具材を酢飯で和えて稲荷に詰めたものを見かけます。

デザート
いちご
愛知県のいちご品種は「とちおとめ」「章姫（あきひめ）」が主流です。

アイスクリーム
卵黄、砂糖、牛乳、生クリームのシンプルな材料をベースに季節のフルーツを加えて作ってます。材料をボウルの中でしっかり泡だて器で混ぜ、冷凍庫に入れて固まりかけては混ぜ、また冷やして、と繰り返して。子供さんにも、昔ながらの手作りアイスクリームを味わってもらいたいからです。

いちごアイス

三河産豚バラ肉
豆腐、竹の子
水菜、こんにゃく
豆腐おぼろ仕立て

人参ごはん、漬物・胡瓜粕漬
人参味噌漬、昆布山椒煮

緑まばゆい時季
青い空に入道雲、
分水嶺の山々が森色にそまると
奥三河では田植えがはじまる。
丘陵の果樹園ではぶどうやもも、
畑ではすいかやとうがんなど夏野菜。
はす田に花がひらくと、天王祭の宵宮だ。
篠島ではシラス漁、日間賀島はタコの水揚げ、
土用の丑には養殖ウナギをいただく。

夏をいただく

ふるさとはみかんの花にほふとき　山頭火
（知多半島 美浜町）

『すいかあまいな』
狩野絢南　（大府市・園児）
（水土里ネット愛知「ふるさとの田んぼと水」子ども絵画展 2013 団体賞）

とうがん【冬瓜】
●夏野菜だが、冬まで長期保存ができることからこの名がついたといわれる。96％が水分で、低カロリーのダイエット食として注目される。ビタミンCを含み、利尿作用のあるカリウムも含んでいることからむくみの解消に効果がある。味が淡白なので、しっかりとだしをとって調理する。6月後半から9月に収穫され、倉庫に保管、12月まで出荷される。主な産地は豊橋市・東海市・田原市。別名「加毛宇利」でインド・東南アジア原産。平安時代から栽培の記録がある。昭和45年に沖縄から導入された琉球とうがんの栽培が増え、沖縄県に並ぶ産地となった。

主な料理 中華料理の蒸し物・スープの具・煮物・酢の物

おおば（あおじそ）【大葉（青紫蘇）】
●「大葉」は市場に流通する際の名で正式には「青紫蘇」。日本の代表的なハーブで、香りの成分ペリルアルデヒドには強い防腐作用があり、食中毒を防ぐ働きがある。ビタミンC・B_1・B_2、カロテン、カリウム、カルシウム、鉄などの成分の他、ロズマリン酸というポリフェノールも多く、抗酸化作用、抗アレルギー・抗炎症作用がある。豊橋市では40年以上も前から栽培に取り組んでいることもあり、作付面積・収穫量は日本一。主な産地は豊橋市・豊川市・田原市。

主な料理 刺身のつま 天ぷら 梅干し しそジュース

あいちの夏

ミニトマト

トマト【tomato】
●栄養成分が多く、特にリコピンには強い抗菌作用がある。また、旨み成分であるグルタミン酸を豊富に含んでいる。主にハウスで水耕栽培や土耕栽培などさまざまな方法と工夫で栽培されている。日本で食べるようになったのは大正から昭和にかけてのこと。桃太郎が主流だが、先端の尖った形をしたファーストトマトは愛知県の特産である。主な産地は田原市・豊橋市・豊川市・東海市。サラダの定番ミニトマトも年間を通して安定的に供給されている。

主な料理 サラダ トマトソース イタリア料理全般

コノシロ【鮗】
●体長は20cmほど、小さいものはコハダと呼ばれ、江戸前の寿司には欠かせない、光りものの代表的なタネとなる。三河地方では小さなものを「コウトウ」「シンコ」、大きなものを「オオイタ」と呼ぶ地域もある。伊勢湾や三河湾の広い範囲が漁場であることから全国有数の漁獲量を誇る。漁期は春から夏にかけて。主な漁場は南知多町・碧南市・西尾市・蒲郡市。

主な料理 酢じめ

スズキ【鱸】

●体長100cmになる大型の魚。成長とともにセイゴ（〜30cm）→フッコ（〜60cm）→スズキ（〜100cm）と呼び名が変わる出世魚である。愛知県では「フッコ」と呼ばず「マダカ」と呼ぶ。冬場に伊勢湾口から渥美半島沿岸で産卵。主な漁場は南知多町・西尾市・碧南市・田原市・常滑市・蒲郡市。低脂肪・高たんぱくのヘルシーな魚である。旬は夏といわれ、あらいで食べらるが、秋になっても美味しく漁獲量も増える。冬場の白子はトラフグの白子に匹敵する珍品とされている。

主な料理　あらい　ホイル焼き

食材

スイートコーン【冬瓜】

●世界三大穀物の一つ。栄養価が高く、糖質、たんぱく質、ビタミンE・B₁・B₂、亜鉛、鉄、食物繊維などの栄養素がある。収穫後、時間が経つほど栄養価と甘みが減っていく。トンネル、マルチ栽培として5月終わりから7月、露地栽培で7月から8月に収穫される。気温が低い早朝に収穫する。主な産地は田原市・豊橋市・豊川市。身の先端のひげはそれぞれが粒につながっている。

主な料理　塩茹で　焼きとうもろこし

天狗なす（津具）

なす【茄子】

●江戸時代から多くの品種が栽培されている野菜で、煮る・揚げる・焼く・蒸す・漬けると調理法はバラエティーに富む。愛知県では冬場はハウスで長卵形の千両なす、夏場は露地で長なすの筑陽が多く栽培されている。94%が水分だが、ビタミンB・C、鉄分、カリウム、カルシウムなどをバランスよく含む。黒紫色の皮は抗酸化作用のあるポリフェノールを含み、老化防止の作用がある。主な産地は豊橋市・一宮市・岡崎市・幸田町・稲沢市・弥富市・西尾市。3月から6月にかけて多く出荷される。

主な料理　焼きなす　揚げなす　味噌炒め　麻婆なす　ラタトゥイユ　浅漬けなど

ウナギ【鰻】

●愛知県は全国第2位の養殖ウナギの産地で、一色（西尾市）・豊橋市・碧海（高浜市・東浦町等）と3つの名産地がある。生産量が多い一色の養鰻は明治27年に日本初の水産試験場設立が始まり。名古屋名物ひつまぶしもこの頃から食べられ始めた。良質なたんぱく質や脂質の他、ビタミン、ミネラルが含まれ、夏の食欲増進、格好のスタミナ源。ウナギの仲間は18種類いるが、日本ではニホンウナギ。産卵場は北太平洋のマリアナ諸島付近、黒潮に乗ってシラスウナギに変態しながら日本にやってきて各地の河川を遡上する。養殖はこのシラスウナギを捕獲して行われる。

主な料理　蒲焼　ひつまぶし

愛知の伝統野菜
かりもりの粕漬け

●材料（4人分）
かりもり……10kg
塩……2〜2.5kg
重石……20kg
酒粕……3kg
砂糖……4kg

●作り方
1. かりもりはよく洗って縦半分に切り、種を取る。
2. 種を取ったところに塩を詰めて、容器に並べ重石をする。
3. 1〜2晩漬けると水が上がってくるので、水気をよく拭き取り、表面が乾くまで陰干しする。
4. 酒粕と砂糖を混ぜてかりもりに詰める。
5. 容器に酒粕と4のかりもりを交互に入れて密閉する。常温1ヶ月ほどで食べごろになる。

●ワンポイント
神本紀美子
かりもりの名前は、食感が「カリカリ」していてご飯が「もりもり」食べられるところからきていると言われています。

旬の素材はシンプルにいただく
スズキとエリンギの蒸し焼き
Suzuki fish and mushrooms

●材料
スズキ……大1尾
エリンギ……6本
バター……少々
サラダ油……適量
ローズマリー……適量

●Ingredients
One big Suzuki
6 Eringi mushrooms in slices
Butter
Coocking oil
Rose mary

●作り方
1. スズキは3枚に下ろし、ほとんど火が通るまでフライパンで蒸す。
2. スライスしたエリンギをサラダ油で炒め、バター少々と1、ローズマリーを入れて数分炒める。
3. 塩と（粗挽き）こしょうで味付けする。

●Cooking Instructions
1. Cut the fish and steam it until almost done.
2. Cut the mushrooms and sauté them in a fry pan with a little vegetable oil. Add a little butter and the fish with the rose mary. Cook it for a couple of minutes.
3. Season with a salt and pepper grinder.

夏のレシピ

Ximena Elgueda ●ワンポイント
ペルーで生まれて15歳の時にベネズエラへ。とうもろこしのパンや豆料理、魚のスープ料理をいただきます。できるだけシンプルに料理して素材の味を楽しみます。

苦味がアクセント
とうもろこしとゴーヤの和風グラタン

● 材料（4人分）
とうもろこし……2本
ゴーヤ……2本
エリンギ……2本
ピザ用チーズ…180g
塩こしょう…適量
ごま油…適量
鰹節…適量
A ┌ たらこ…1腹
　├ 醤油…小さじ1
　└ マヨネーズ…大さじ2

● 作り方
1. ゴーヤは縦半分にカットして種とワタを取り、薄切りにする。塩をふってしばらく置き、水洗いしてしっかりと水気を絞る。
2. とうもろこしは実だけをはずし、エリンギは薄切りにする。
3. フライパンにごま油を入れて1を塩こしょうで炒め、しんなりしたら火を止めてAを加える。
4. 耐熱皿に2・3を入れ、鰹節、ピザ用チーズを乗せてオーブントースターでこんがり焼き色がつくまで焼く。

後藤麻衣子　ワンポイント
マヨネーズは加熱すると分離するので、必ず火を止めてから加えましょう。

暑い夏にはさっぱりと
梅おろしきしめん

● 材料（2人分）
きしめん……200g
めんつゆ……適量
だいこんおろし……適量
梅（はちみつ梅）……3個
大葉……5～6枚
ごま油（好みで）……小さじ1/2

● 作り方
1. 梅は種を取り、叩いておく。好みでごま油を混ぜると、風味と丸味が出る。
2. きしめんをたっぷりのお湯で茹でる。
3. 大葉は千切りにする。
4. めんを器に盛り、だいこんおろし、大葉、梅を乗せたらめんつゆをかける。

苫川清子　ワンポイント
めんつゆは好みの分量より少なめが良いです。

夏のレシピ

041

ほどよい酸味が美味しい
かぼちゃと小魚の南蛮漬け

● 材料（4人分）

かぼちゃ……1/2個
パプリカ……1個
たまねぎ……1/2個
小魚（鯵または鰯）……16尾
片栗粉……適量
揚げ油……適量
塩こしょう……適量

A ┌ だし汁…100cc
　├ 酢…100cc
　├ 三温糖…大さじ3
　└ 醤油・みりん…各大さじ2

塩……少々
しょうが……10g
鷹の爪（輪切り）……少々

● 作り方

1. A（漬け汁）の材料を鍋に入れて沸かし、千切りにしたしょうがを加えて火を止める。
2. かぼちゃは種とワタを取り、7mm程度の厚さに薄切り、パプリカは縦に八等分して、素揚げする。たまねぎは薄切り。
3. 小魚は腹ワタを取り、塩水で洗い水気をしっかりと切り、塩こしょうをふる。片栗粉をまぶして170度の油で揚げる。
4. 1の漬け汁に鷹の爪、2・3を漬け込んで味をなじませる。約20分で出来上がり。

 後藤麻衣子　**ワンポイント**
揚げた具は熱いうちに漬け込むと早く味が染み込み、冷蔵庫で一晩漬け込むとしっとりと骨も柔らかくなります。

ほんのりピンク色
タコ飯

● 材料

米……2合
水……適量より少なめ
塩……少々
だし（顆粒）……適量
タコ（茹で）……150g

● 作り方

1. タコはぶつ切りにする。
2. 炊飯器に材料をすべて入れて炊く。水は少なめにする。

 鈴木美知子　**ワンポイント**
ご飯を炊く水は少なめにします。

旬の食材をふんだんに
タコと季節野菜のサラダ
Octpus salad with citron dressing

● 材料
にんじん……1本
だいこん……1/4本
コリアンダー……適量
レモン……1個

A ┌ レモンの絞り汁…レモン半分
　│ オリーブオイル…大さじ1
　│ 塩こしょう…少々
　│ はちみつ…小さじ1
　└ 醤油…適量

● Ingredients
1 carrot
1/4 Japanese radish
Cilantro
One Citron

Dressing
The juice of half a citron
One big spoon of olive oil
Salt
Pepper
Small tea spoon of honey
Soy sauce

● 作り方
1 タコはぶつ切り、だいこんとにんじんは千切りにする。
2 1のだいこんを1カップの水に5分ほど浸けてパリッとさせる。
3 2の水気を切ってタコ、にんじんと盛り付け、Aのドレッシングをかける。
4 コリアンダーとレモンを飾る。

● Cooking Instructions
1 Cut the Japanese radish and carrots in slices and then in strings.
2 Soak the Japanese radish in a cup of water for 5 minutes to make it crunchy.
3 Drain the water and serve with the octopus and carrots.
4 Decorate with sliced citron and cilantro.

🍳 ワンポイント
Ximena Elgueda
Chita peninsula octopus is very tasty and has an excellent texture that when mixed with other vegetables is a pleasure to the palate.
知多のタコは美味しいだけでなく食感も良く、野菜と和えるのに最高の食材です。

酒のつまみにも
マダコの白子煮

● 材料
マダコの白子（下処理済み）……200g

A ┌ だし汁…200cc
　│ 醤油…大さじ3
　│ 酒…大さじ2
　│ みりん…大さじ1
　└ 砂糖…少々

● 作り方
1 Aをひと煮立ちさせて白子を入れ、落とし蓋をして煮込む。
2 白子が煮えて煮汁が少なくなってきたら出来上がり。

🍳 ワンポイント
伊藤雅啓
湯通ししてポン酢醤油でも美味しいです。

夏のレシピ

043

あいち食紀行 ❹ 伝統野菜

愛知県の伝統野菜は35品目‥形のいいものを育てて採種する「種から国産」の野菜を増やしたい。

▲自然に先が曲がるという方領大根

地産地消の姿勢は広まっているが、種の産地にまで思い至ることはない。ゴジらじの飯田さんに紹介された高木幹夫さんは「種から国産」を実践している人だ。後で知って驚いたのが、日本で販売されている種の90%近くが国外産という事実。種の自給率は10%程度であるという。「あいち伝統野菜」に認定されている野菜は現在35品目。満たす条件は①50年前には栽培されていたもの②地名・人名など愛知県に由来しているもの③今も種や苗があるもの④種や生産物が手に入るもの。宮重大根・方領大根、大高菜と越津ねぎは江戸時代から栽培されている地の野菜。形のいいものを選んで育てて採種する。その種で栽培する。高木さんが立ち上げたのは「あいち在来種保存会」。認定された伝統野菜を絶やさないよう、地道な採種作業を続けている。

▲八事五寸の若い芽。姿形の良いものを選んで花を咲かせて採種する。手間暇かかるが欠かせない仕事

◀もち菜の状態を見る高木幹夫さん

▲越津ねぎ

▲あいち在来種保存会の伝統野菜採種圃場。手に入れた伝統野菜を育てて種をとる畑だ。「種から国産」の地野菜がここで生まれる

▲ファーストトマト

▲千石豆(ふじまめ)

▲渥美白花絹莢えんどう

▲十六ささげ

▲次郎丸ほうれん草の花

▲もち菜

▲天狗なす

▲大高菜

▲愛知大晩生キャベツ

▲次郎丸ほうれんそう

▲越津ねぎのねぎぼうず

▲早生かりもり

▲縮緬かぼちゃ

▲愛知早生ふき。収穫する小野直之さん

▲宮重大根

▲八名丸さといも

▲愛知早生たまねぎ

▲八事五寸
碧南鮮紅五寸
木之山五寸

組み合わせが新しい
冷や麦のオムレツ

● 材料（2人分）
冷や麦……80〜100g
溶けるチーズ……30g
卵……3個
豆乳……30cc
アスパラ・にんじん・ピーマンなど好みで
ケチャップ……大さじ2・小さじ2
塩こしょう……少々
油またはバター……小さじ1
好みの添え付け用の野菜……適量

● 作り方
1 かために茹でた冷や麦を適当にカットし、ケチャップ大さじ2を絡めておく。
2 卵・豆乳・食べやすい大きさに切った野菜、塩こしょうを混ぜる。
3 フライパンにサラダ油小さじ1をなじませ、2の生地を半分流し入れたら、冷や麦とチーズをのせ、残り半分の卵生地をかぶせる。
4 中火で片面5分ほど焼いたら、もう片面を弱火で5分くらい焼く。仕上げにケチャップを添えて出来上がり。

 苫川清子　ワンポイント
野菜をのせても美味しいです。

サクサクの天ぷらを乗せて
天ぷら冷や麦

● 材料（4人分）
冷や麦……4人分　　　┌水…600cc
たまねぎ……90g　　A│白だし…大さじ4
にんじん……40g　　 └みりん…大さじ2
三つ葉……少々　　　ねぎ……適量
天ぷら粉……適量　　柚子の皮……適宜
ねぎ……適量

● 作り方
1 たまねぎはスライス、にんじんは千切りにする。2cmくらいに切った三つ葉も合わせてかき揚げにする。
2 冷や麦を茹でる。
3 Aを調味して温める。
4 どんぶりに冷や麦を盛り、3をかけて天ぷらをのせ、好みで刻みねぎと柚子の皮をのせる。

長田勇久　ワンポイント
刻みねぎと柚子の皮をのせると香りと風味が増します。

白だしで簡単
焼きそうめん

●材料（4人分）
そうめん（細うどん）……180〜200g
白だし……大さじ3(好みで加減)
みりん……小さじ3
かつお節……適量
サラダ油……炒め用
ごま油(好みで)……小さじ1/2
肉とキャベツ・にんじん・ピーマン・きのこなど好みの野菜

●作り方
1. 麺は少しかために茹で、好みでごま油を混ぜる。
2. サラダ油で肉・野菜を炒めて、しんなりしたらそうめんを入れる。
3. 白だし・みりんを加えて出来上がり。
4. 器に盛ってからかつお節をのせる。

苫川清子　**ワンポイント**
茹でた麺にごま油を混ぜると、くっつき防止になり、風味も出ます。

おからで握る
コノシロのおからずし

●材料（4人分）
コノシロ……8尾
塩……適量
酢……適量
おから……200g
A［みりん…大さじ1
　砂糖…大さじ1
　酢…大さじ2］

●作り方
1. コノシロは3枚に下ろして塩をまぶす。2〜3時間おいてから酢で洗う。
2. おからはAと煮ておく。
3. 冷ましてから1で包む。

木全民子
鈴垣しのぶ　**ワンポイント**
酢飯の代わりにおからを使うのがポイントです。

エビの風味が広がる
小松菜とエビのおひたし

●材料
桜エビ……10g
小松菜……1袋
ごま油……少々
A［醤油…大さじ1
　みりん…みりん大さじ1/2
　だし汁…100cc］

●作り方
1. 小松菜は洗って食べやすい長さに切る。
2. ごま油で桜エビをさっと炒り、小松菜を加える。
3. 小松菜がしんなりしてきたらAを加えてひと煮立ちする。

川畑雄一　**ワンポイント**
小松菜は煮すぎるとやわらかくなってしまうので、ひと煮立ちしたら火を止めます。

あいち食紀行 ❺ 若い力

住宅に囲まれた畑を舞台に…
無農薬で少量多品種の野菜づくり
44歳以下の新規就農者は225人。

▲収穫した野菜を積んで自宅に戻る

　就農して3年目の松井直美さんを訪ねた。江南市の住宅に囲まれた畑を舞台に、一人でできる範囲で野菜を育てる。無農薬・少量多品目がコンセプト。名古屋生まれ。農学部の学生時代、有機農家での収穫体験がきっかけになって就農した。その翌年、結婚した。今は赤ちゃんを背負って畑作業を続ける。野菜ソムリエとして野菜の使い方や、レシピなども伝えている。美浜町の杉浦大地さんはIT関係の会社を辞め、就農したばかり。農家の次男である。採れた野菜を直売場に初めて搬入した。有機野菜のコーナー。若者たちが求める農業はオーガニックが主流なようだ。『よくわかるあいちの農業 2016』によると、県内の農家数は7万3,833戸で、全国6位。平成27年度、44歳以下の新規就農者数は225人だった。

◀江南市おが菜園の松井直美さん。田畑と住宅が隣り合わせの風景は県内いたるところで見られる

▲碧南市の永井千春さん。鮮紅五寸にんじんを作っている
◀形のいいのを見定めて自宅で種を取るために育てている

▶犬山市虹いるか農園の宮島直也さん。水源に一番近い田んぼで米と野菜を作る。自然や動植物との共存共栄を目指す

▲扶桑町の佐橋麻衣子さん。ブロッコリーを収穫する。犬山市の宮島さんと婚約中。この日も入鹿池からずっと案内してくれた

▲この畑では紅菜苔を育てている

▲美浜町の杉浦大地さん。IT関係の会社を辞めて父親の農業を継いだ。この日は鵜の池ジョイフルファームへ初めての納品。▶並べていると買い物の女性が話しかけてきた。顔を合わせることの大切さを学んだ初日だった

トマトの爽やかな酸味が食欲をそそる
ズッキーニのトマトクリームソース

● 材料（4人分）

- ズッキーニ……2本
- トマト……4個
- エビ……12尾
- しめじ……1パック
- たまねぎ……1/3個
- にんにく……1片
- 白ワイン……大さじ2
- コンソメの素……小さじ2
- 醤油……小さじ2
- 生クリーム……大さじ2
- 塩こしょう……適宜
- オリーブオイル……適宜
- 粉チーズ……少々

● 作り方

1. エビは殻と背ワタをとって塩水で洗い、四等分して白ワインと塩をまぶしておく。
2. トマトは湯むきして大きめのみじん切り、たまねぎとにんにくはみじん切りにする。
3. しめじは石づきを切り、食べやすい大きさにばらしておく。ズッキーニは縦に薄くスライスし、しめじと少量のオリーブオイルと塩で炒めて器に盛る。
4. フライパンにオリーブオイルとにんにくのみじん切りを入れて弱火でじっくり炒め、香りが出てきたらたまねぎと1を加えて炒める。
5. 火が通ったらトマトとコンソメの素と醤油を加え、トマトをつぶしながら煮込む。生クリームを加え、塩こしょうで味を調える。
6. 3の周りに注ぎ、お好みで粉チーズをかける。

ワンポイント（後藤麻衣子）
ズッキーニは、ピーラーなどでスライスしてパスタのようにすると、ソースが絡みやすくなります。

彩りを楽しむ
とうもろこしのカラフルライス

● 材料（4人分）

- とうもろこし……1本
- えだまめ（茹でた豆）……90g
- ひじき（乾物）……10g
- 鮭フレーク……40g
- しょうが……1片
- 米……2合
- 酒……大さじ2
- 醤油……小さじ2
- みりん……小さじ2

● 作り方

1. 米はといでざるにあげ、えだまめは塩茹でしてさやから豆を出す。
2. ひじきを水に戻して食べやすい長さに切り、しょうがは千切りにする。とうもろこしは実だけをはずす。
3. 炊飯器に米と調味料を入れて適量の水を入れる。2と鮭フレークを入れて炊く。
4. 炊き上がったらえだまめを加えてさっくりと混ぜ、少し蒸らしてから器に盛る。

ワンポイント（後藤麻衣子）
えだまめは一緒に入れて炊くとしわしわになるので、後で合わせます。

彩りの良い紅生姜がアクセント
なすのあんかけ丼

● 材料（4人分）
なす……2本
ささみ……2本
だし汁……2カップ
酒……1/2カップ
醤油・みりん・しょうが汁……各大さじ2
塩……小さじ1
片栗粉……適量
紅しょうが……適量

● 作り方
1. なすは皮をむき、4つ割りをさらに3等分して細長く切り、180度の油で揚げる。
2. ささみは筋を取り、薄く開いて細く切る。
3. 鍋にだし汁と調味料を全部入れて煮立てた中に1・2を入れ片栗粉でとろみをつける。
4. 丼にご飯を盛り、3をかけて紅しょうがをのせる。

美浜町農村生活アドバイザー

ワンポイント
あっさりしたあんかけ丼に、紅しょうがが味のアクセントになり色と味ともに引き立てます。

箸休めに
しょうがの甘酢漬け

● 材料
しょうが……200g
酢……100ml
砂糖……大さじ1

● 作り方
1. しょうがはよく洗って皮をむき、スライスする。
2. 酢と砂糖をよく混ぜてそこに1を漬け、冷蔵で1週間ほど漬ける。

鈴木美知子

ワンポイント
砂糖は好みで加減しましょう。

冷たいもので冷えた身体に
冬瓜の酸辣湯スープ

● 材料（4人分）
冬瓜……150g
干ししいたけ……3枚
水……600cc（しいたけの戻し汁も）
中華スープの素……小さじ1
醤油……小さじ1
塩……適量
溶き卵……1個
酢……大さじ3
ラー油……適量

● 作り方
1. 干ししいたけは水で戻し、戻し汁はとっておく。
2. 冬瓜はワタと種を取り除き、皮をむいて5mm幅のいちょう切りにする。1は石づきを取り、千切りにする。
3. 1の戻し汁を加えた水と、中華スープの素、2を加えて10分ほど煮込む。
4. 冬瓜が透き通ったら、塩と醤油で味を調え、溶き卵を加えて火を止める。酢を加えて好みでラー油をたらす。

後藤麻衣子

ワンポイント
酸味が飛んでしまわないように、酢は火を止めてから加えます。

あいち食紀行 ❻ 醤油搾り

美浜町の里山「季の野の森」で
もろみを発酵させて醤油搾り…
農家の一年の暮らしを丸ごと体験

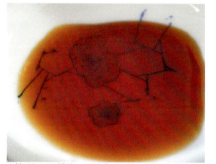

▲搾りたての醤油は風味豊か

　美浜町の森川美保さんから連絡が入る。一品持ち寄りで醤油絞り体験を…はい、もちろん。終いまで聞かずに即答した。知多半島丘陵地に近い里山に「季の野の森」がある。そのフィールドを生かして農体験や教室を開く。柿渋の染物、鶏小屋で卵拾い、熊笹のお茶作り、ランチ作り…「農家で学ぶ発酵教室」の10月メニューのほんの一端、月ごとに魅力的な体験が目白押しだ。参加者は常滑市・半田市・名古屋市・静岡からも。発酵したもろみを布袋に入れてフネ（搾り器）で搾る。茶色の液体が出てくると歓声が上がる。自分たちで搾った醤油の味見、ひと舐めした表情はみな美味しい笑顔だった。

▲季の野の森の家のほとんどはご主人の手作り。裏の森の向こうには国指定天然記念物・鵜の山繁殖地がある。上空を通るカワウの移動は壮観な眺めだ

▲ロバのペーター

▲ヤギのモミジ

▲新米に、絞りたての醤油と、とれたての卵で作った卵かけご飯は最高のご馳走

◀一品ずつ持ち寄った料理でランチタイム。それぞれ食べ比べて舌鼓を打つ

ご飯を麺に変えてもおいしい
トマト丼

●材料（4人分）

- トマト……大2個（1人80〜100g）
- しょうが……10g
- にんにく……1片
- 醤油……大さじ1
- 水溶き片栗粉……適量
- オイスターソース……大さじ1
- 水溶き片栗粉……適量
- 卵……4個
- グリーンピース……少々
- オリーブオイル……大さじ1
- ご飯……適量

●作り方

1. トマトは半分にして7〜8mmに切る。しょうがは皮をむき、短い千切りにする。にんにくは薄く切り、グリーンピースは茹でておく。（缶詰でもよい）
2. 卵はポーチドエッグか、半熟の目玉焼きにしておく。
3. フライパンにオリーブオイルを入れてにんにくを弱火でゆっくり炒め、香りがでてきたら、しょうが・トマトを入れる。
4. しんなりしたら、醤油・オイスターソースを加えて炒める（水分が多い場合は水溶き片栗粉を入れ、とろみをつける）。
5. 丼（深めのお皿）にご飯を盛って4をのせ、その上に2をのせてからグリーンピースを散らす。

 服部佳世子　ワンポイント
パスタやきしめん、そーめんなどにも合います。

切り口もおしゃれ
トマトの月見コロッケ

●材料（4人分）

- ミディートマト……4個
- じゃがいも……400g
- たまねぎ……100g
- 鶏ミンチ……50g
- 炒め油・卵・塩こしょう
- ・パン粉・小麦粉・揚げ油……各適量
- ケチャップ……大さじ3
- ウスターソース……大さじ2
- 付け合わせ……キャベツ・インゲンなどお好みで

●作り方

1. トマトは湯むきしてヘタを取り、たまねぎはみじん切りにする。
2. じゃがいもは皮をむいて八等分の大きさに切り、水にさらしておく。塩を少し入れた水から茹で、粉ふきにして潰しておく。
3. フライパンに炒め油を入れてたまねぎを炒め、しんなりしたら鶏ミンチも加えて炒める。塩こしょうで味付けする。
4. 2と3が冷めたらよく混ぜて四等分し、トマトに小麦粉をつけてから包む。小麦粉・卵・パン粉の順でつけ、形を整える。
5. 揚げ鍋を用意して170度の油で4を揚げ、半分に切る。ソースはケチャップとウスターソースを混ぜて作る。キャベツ
6. は千切り、インゲンは茹でてから炒めておく。
7. 半分に切ったコロッケを皿にのせ、付け合わせを盛り付ける。

 服部佳世子　ワンポイント
マヨネーズとケチャップを混ぜたオーロラソースでも美味しいです。

畑で摘んだ脇芽もいただきます
トマトのやごの天ぷら

●材料
トマトのやご（脇芽）……適宜
天ぷら粉……適量
揚げ油……適量

●作り方
1. やごは洗って食べやすい大きさに切る。
2. キッチンペーパーなどでよく水気を拭き取ってから、天ぷら粉で揚げる。

黒宮時子　ワンポイント
やごはトマトの脇芽のことで、若いうちに摘み取られる部分です。やわらかくておいしくいただけます。

茎もおいしくいただけます
トマトの茎の煮びたし

●材料
トマトの茎……適宜
醤油……適量
みりん……適量
酒……適量
砂糖……適量

●作り方
1. 茎はよく洗って適当な長さに切る。
2. 好みの量の調味料をひと煮立ちしてから茎を入れ、しんなりしてきたら火を止める。

黒宮時子　ワンポイント
素材を無駄にしないアイディアレシピです。

なごやめし‥味が染みて美味しい
手羽先

●材料（4人分）
手羽先肉……8本
塩こしょう……少々
A ┌ 醤油…大さじ3
　│ みりん…大さじ2
　│ 酒…大さじ1
　└ 砂糖…少々
揚げ油……適量
白ごま……適量

●作り方
1. Aのたれを鍋でひと煮立ちしておく。
2. 手羽先は塩こしょうで軽く下味をつけ、油で素揚げする。
3. 揚げたての熱いうちに1のたれに漬け込む。

名古屋C　ワンポイント
揚げるときに最初低温でじっくり、次に高温でさっと揚げる「2度揚げ」をすると外はカリッと中はふっくらになります。

素材の味を堪能する
なすのステーキ肉味噌仕立て

●材料(4人分)
- なす(米なすか丸なす)……2本
- 塩こしょう……適宜
- オリーブオイル……適宜
- だし汁……50cc
- ごま……少々
- 粉山椒……少々
- ごま油……適宜
- 鶏ひき肉……200g
- A
  - 酒…大さじ2
  - 赤味噌…大さじ3
  - みりん…大さじ3
  - 砂糖…大さじ3

●作り方
1. フライパンにごま油をひき、鶏ひき肉を入れて塩こしょう・粉山椒をふり、ほぐしながら炒める。
2. 1にAの材料を入れ、だし汁を加えながら火にかけ、味噌を溶かす。ちょうど良いかたさになったらごまを加え、器にうつす。
3. なすはヘタを取り、2cm程度の厚さの輪切りにし、片面に格子状の切り込みを入れ、塩こしょうをする。
4. フライパンにオリーブオイルを入れ、3の切り込みを入れた面を下にして中火で焼く。焼き色がついたら裏返し、蓋をして弱火で3〜4分ほど過熱する。
5. 器に盛り、2をかける。

 ワンポイント 後藤麻衣子
溶けるチーズをのせたり、しょうが醤油とかつお節で食べても美味しいです。

ナンとよく合う
なすとオクラのキーマカレー

●材料(4人分)
- なす……125g
- オクラ……4本
- トマト……1個
- たまねぎ……中1/2個
- にんにく、しょうが……各1片
- 合挽き肉……200g
- オリーブオイル……適量
- カレー粉……大さじ1〜2
- クミンシード(適宜)……小さじ1
- ナンプラー……大さじ1
- ココナツミルク……100cc

●作り方
1. トマトは湯むきしてざく切り、なす・オクラは乱切り、たまねぎ・にんにく・しょうがはみじん切り。
2. 鍋にオリーブオイルとにんにく・しょうがを入れて弱火で炒め、香りが出てきたらたまねぎを入れ、中火で炒める。
3. 合挽き肉を加えて火が通ったら、トマトとカレー粉・クミンシード・ナンプラー・ココナツミルクを入れて、全体が馴染むまで煮る。(キーマカレーのベース)
4. なす・オクラを入れ、煮詰まったら水を足しながら火が通るまで煮込む。

 ワンポイント 後藤麻衣子
辛いのがお好みの場合は、3の段階で鷹の爪を入れます。ベースのキーマカレーに季節の野菜を足せば1年中楽しめます。

津具で採れる伝統野菜、中身トロトロ
天狗なすの揚げびたし

● 材料（2人分）

天狗なす……2個
【たれ】
にんにく……1片
しょうが……1片
醤油(白だし)……大さじ1
砂糖……少々
揚げ油……適量

● 作り方

1 へたを落として皮を筋状にむいて大きめの乱切りにする。
2 まな板に並べて塩をふり、片栗粉を入れたビニール袋に入れ、まんべんなくまぶしたら素揚げする。
3 鍋にだしの素とすりおろしたにんにくとしょうが、砂糖少々入れて、甘辛のたれを作り、素揚げしたなすを入れ、一煮立ちする。

 ワンポイント
佐々木富子　奥三河・津具の伝統野菜天狗なす。天狗の鼻のような奇形果ができやすい、普通のなすの5～10倍のサイズです。糖度が高く、水分も多いですが、身は大トロです。

夏野菜をふんだんに
ころころ野菜のラタトゥーユ

● 材料（4人分）

ズッキーニ……小1本
なす……2本
パプリカ……1個
たまねぎ……1個
セロリ……1本
エリンギ……1本
鶏肉……300g
トマト……4個
にんにく……1片
ローリエ……2枚
オリーブオイル……適量
白ワイン……大さじ1
コンソメキューブ……1個
醤油……小さじ2
塩こしょう……少々

● 作り方

1 ズッキーニ、なす、パプリカ、たまねぎ、セロリ、エリンギ、鶏肉は1～2cm角に切る。にんにくは皮と芽をとり、みじん切りにする。トマトは湯むきし、適当な大きさに切る。
2 厚手の鍋にオリーブオイルとにんにくを入れて弱火でじっくりと炒め、香りが強くなったら鶏肉、野菜の順で炒める。
3 野菜にオリーブオイルが馴染んだら、湯むきしたトマト、ローリエを加える。
4 白ワイン、コンソメを入れ、蓋をして弱火で20～30分ほど蒸し煮にする。
5 仕上げに醤油を加え、塩こしょうで味を調える。

 ワンポイント
後藤麻衣子　野菜を炒める際は1種類ずつ加えて炒め、しっかりと油で野菜をコーティングすること。

<small>小伴天はなれ</small>
一灯‥春夏秋冬

暦の上では、立夏（5月6日ころ）から立秋（8月8日ころ）前日までの季節が夏。陰暦の4月・5月・6月にあたります。田植えからお盆までの季節は稲の成長期であり、果樹が花から実をつける大切な時期です。

前菜
かりもり

愛知の伝統野菜でもある「かりもり」「早生かりもり」。碧南が主な産地。漬物として利用されることが多い。歯ごたえが良いので、カリカリモリモリとご飯がすすむと言われています。

冬瓜

夏に収穫して、冬まで保管できるから「冬瓜」。緑色で肉厚の琉球冬瓜と、伝統野菜の早生冬瓜があります。早生冬瓜は白い粉をふきトゲがチクチクして触ると痛い。ほとんどが水分。主な料理は油揚げと煮たり、スライスして塩でもんで甘酢漬けなど。

かりもり一夜干、蒸し鶏 胡麻酢かけ
冬瓜油揚げ煮
枝豆ととうもろこし 卵焼き

温物
うなぎ

全国でも2位の生産高。主に西尾市一色町で養殖されています。環境の変化もあり年々減少の傾向。愛知県は腹開きで蒸さない関西風文化、関東風とは豊橋が分岐点と言われてます。身はふっくら、皮はパリッと焼き上げます。食べ方はひつまぶしが有名です。それからうな重よりもうな丼が好まれる地域でもあります。それは関東風の蒸したうなぎはふんわり柔らかいので半分に切ったうな重に、地焼きのうなぎは固いので、食べやすい大きさに切って瀬戸物のどんぶりに盛り付けたからだと思われます。地元にはたまり醤油とみりんの文化があり、たれにも独自性があります。

うなぎあんかけ茶わんむし

酢の物
たこ

日間賀島はタコの島と言われています。タコ漁が盛んで、タコのオブジェが港で迎えてくれます。名物は茹でたこと、タコめし。凧のように吊るす干しタコも郷土料理。

タコ、じゃばら胡瓜
みょうが、カラフルトマト
もろみ酢

揚げ物
穴子（めじろ）
　県内では、程よい大きさのものは「めじろ」と呼んでいます。昔の人とは、「めじろ」と「穴子」は違う！と口論になることもよくあります。天ぷらや煮つけて寿司にするのが好まれています。

天狗なす
　新城など奥三河で栽培される伝統野菜。奇形の鼻が出やすいことから名付けられました。焼いたり、揚げたり、加熱するととろとろの触感になります。

食事
手延べそうめん
　安城の和泉町に伝わる伝統の手延べ麺。コシが強くなるよう独自の方法で細く細く延ばしていきます。他の地域は冬のところも多いですが、主に夏に生産し、一度干したものを海からの湿った風にさらして半戻しした ことに由来する半生麺（半戻し麺）が名物。長いまま折り重ねた状態でパックして売られています。

デザート
いちじく
　愛知は全国一のいちじくの産地。碧南・安城・大府などで多く栽培されています。5月～7月（ハウス）8月～10月（露地）。主な品種は桝井ドーフィンとサマーレッド。食物繊維をはじめ、ビタミン、カルシウム、鉄分などのミネラルを多く含み、美容と健康に良い果物です。完熟出荷で、日持ちしない果物なので、東京では高級果物、そして東北や北海道ではあまり見かけません。

三河みりん
　碧南を元とする三河みりんは、もち米・米麹・焼酎を原料に、60日間ほど熟成して醸造されてきました。現在、相生ユニビオ、小笠原味淋、九重味淋、杉浦味淋、角谷文治郎商店の5社が伝統の「みりん」を造っています。それぞれ個性があり、比べてみると味わい深い。今回は、杉浦味淋の3年熟成みりんを煮詰めてシロップにして黒蜜代わりに使用しました。熟成の旨みがあります。

めじろ（穴子）天ぷら、天狗ナス、ししとう

和泉手延べそうめん、薬味

あんみつ
いちじく、キウイ
寒天、白玉
三年みりんシロップ
自家製あん

水音の千年万季ながるる　山頭火
（奥三河 鳳来寺）

秋をいただく

いのちみのる時季(とき)
奥三河の名倉と津具は天空の穀倉地帯、
高原の稲穂が黄金にそまる。
赤とんぼが紅葉をつれて里にくだる。
幸田のふでがきや祖父江のぎんなん、
美浜のみかんも色づいた。
新城ではさといも、立田ではれんこんほり。
海からはガザミやスズキ…
きのこ採りに秋祭り…収穫期はいそがしい。

『わが家のいねかり』
鈴木煌晟　（刈谷市・小学生）
（水土里ネット愛知「ふるさとの田んぼと水」子ども絵画展 2013 年入選）

あいちの秋

親芋
子芋
孫芋

こめ【米】

●海抜0mから標高700mの山間地域まで多様な品種が作付けされている。平坦地では極早生の「あきたこまち」や「コシヒカリ」、早生の「あさひの夢」「ゆめまつり」、中生の「あいちのかおり」など。中山間地で栽培される「ミネアサヒ」は美味しさと出荷量の少なさもあり「幻の米」といわれる。最も多く栽培されているのは「あいちのかおり」。大粒で美味しい「ハツシモ」に「コシヒカリ」を親とする「ミネアサヒ」を交配して育成された。主な産地は西尾市・豊田市・豊橋市・安城市・一宮市。

さといも【里芋】

●縄文時代からある日本古来の伝統野菜。でんぷん、カリウム、たんぱく質、ビタミンB群やC、ムチン、食物繊維などを多く含む。中心の大きな親芋のまわりに小芋、そのまわりに孫芋がつく。ぬめりの成分であるムチンは脳細胞の活性化に有効といわれる。愛知の里芋は肉質がやわらかく、粘りがある。7月下旬から8月に収穫される早堀栽培、9月から11月に収穫するマルチ・普通栽培がある。主な産地は一宮市・岡崎市・豊田市・新城市・西尾市・江南市・豊川市・碧南市。新城市の八名丸さといもは愛知の伝統野菜で、地域の特産物である。

主な料理 煮っころがし 味噌焼き 塩茹で けんちん汁など

れんこん【蓮根】

●カリウム、カルシウム、鉄、銅などのミネラルやビタミンC・B_1・B_2やタンニン、ムチン、食物繊維などが豊富な野菜。蓮の地下茎が肥大化したもので、通気口の穴は9〜10個。見通しがきく縁起物として慶事に欠かせない野菜でもある。木曽川下流の低湿地沖積地が栽培に適していたことから江戸時代には海部地域で生産されていた。主な生産地は愛西市。泥つきのまま出荷するのは変色を防ぎ、新鮮さ保つためである。

主な料理 きんぴら 酢れんこん 筑前煮 れんこん餅など

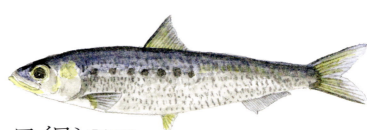

マイワシ【真鰯】

●体長約20cm。体側に7つ前後の黒点が並んでいる。日本の近海を中心に広い範囲に生息する。海面に近い表層を大きな群れをつくって泳ぎ、産卵期以外は外海を回遊している。成長に伴い小羽（〜14cm）、中羽（〜18cm）、大羽（〜20cm）と呼ばれる。主な産地は碧南市・南知多町。漁期は夏から秋にかけて。青魚は中性脂肪を低下させ、動脈疾患の予防などにも効果があるとされるDHAやEPAを多く含むが、マイワシは特に豊富な上、カルシウムやビタミンD、鉄分、ビタミンB群なども多く、生活習慣病の予防に効果的な食材といえる。

主な料理 刺身・たたき マリネ

ぎんなん【銀杏】

●愛知県の特産品のひとつで、出荷量は日本一。産地の稲沢市祖父江町一帯で古くから栽培され、町内には樹齢100年を超える大木があちこちにある。燃えにくいので防火用に、伊吹おろしの防風用に神社仏閣・屋敷まわりに植えられたもの。祖父江の銀杏は「屋敷ギンナン」といわれている。たんぱく質、カロチンを豊富に含み、栄養価も高く、咳止め・疲労回復に効果がある。地元ではまんじゅう・もち・こんにゃくなどぎんなんを使った加工品が作られ、名産品として親しまれている。

主な料理 茶碗蒸し 炒りギンナン

食材

次郎柿　　筆柿

かき【柿】

●ビタミンCはみかんの2倍、カロチン、食物繊維、カリウム、タンニンなど豊富に含む。健康食品として風邪や生活習慣病の予防や、二日酔いに効果があるとされている。栽培面積は全国6位で、主な産地は豊橋市・幸田町・新城市・犬山市。中心となる品種はコクのある甘みと歯ごたえが特徴の次郎柿で10月から11月に出荷される。幸田町では不完全甘柿である筆柿が栽培され、町の特産になっている。

主な料理 生食 サラダ ピューレ

なし【梨】

●低カロリーで糖質・食物繊維が豊富。果肉はみずみずしく甘い果汁が多く含まれ、サクサクした食感が好まれる。愛知県のなし栽培は明治初期に始まったとされる。現在の主な産地は安城市・豊橋市・豊田市はじめ西尾市・豊川市・幸田町で、愛知が誇る果物の一つになっている。甘い幸水は8月、甘味と酸味がほどよい豊水は8〜9月、大型で貯蔵性のある新高は9〜10月、ジャンボなし愛宕が11〜12月などが栽培されている。

主な料理 生食

いちじく

●愛知県は日本一の産地。昭和40年代に入ってから栽培が本格化した。主な産地は安城市・碧南市・常滑市・豊田市・西尾市。早出しのハウスが5月から7月、露地物は8月から10月にかけて出荷される。春から初秋にかけて内側にたくさんの白い小花が密生した花托がつぼ状に肥大発育して実る。花が見えることなく果実ができることから「無花果」と表す。食物繊維をはじめビタミン類やカルシウム、鉄分などのミネラルを多く含み、美容や健康に良い果物として人気がある。

主な料理 生食 ワイン煮 ジャム

食感を楽しむ
いちじくのマフィン

● 材料（4人分）

A ┌ 薄力粉（ふるう）…180g
　│ グラハム粉…25g
　│ ベーキングパウダー
　│ 　　　…小さじ1.5
　└ 塩…ひとつまみ

B ┌ 菜種油（サラダ油）…50g
　│ きび砂糖…50g
　│ 全卵（L）…1個
　│ 牛乳…70g
　└ グラニュー糖…少々

いちじく（大）……1個

● 作り方

1 いちじくは洗って皮ごと縦に12等分する。
2 Aをボウルに入れよく混ぜ合わせる。
3 別の大きなボウルにBの菜種油、きび砂糖を泡だて器でよくすり混ぜ、全卵・牛乳を加え、泡だて器でさらに混ぜ合わせる。
4 2の粉類を3回に分けて3のボウルに入れ、ゴムべらでさっくり混ぜ合わせる。
5 マフィン型に4の生地を分け入れる。途中でいちじく一切れずつを中間に挟むように置き、一番上にも一切れずつ置いたら上からグラニュー糖を振りかける。
6 180度に温めたオーブンで20〜25分程度焼く。

 近藤香織　ワンポイント
竹串を刺してみて生地がついてこなければ焼き上がり。

色鮮やかな
鶏のいちじくロール

● 材料（4人分）

鶏むね肉……2枚
いちじく……2個
塩こしょう……適量

A ┌ くるみ…10g
　│ 松の実…10g
　│ 生クリーム…100cc
　└ 塩こしょう…適量

● 作り方

1 鶏むね肉は塩こしょうして厚みが均一になるようにそぎ、大きめに切ったラップの上に広げる。
2 いちじくは八つ割にし、1の鶏肉の中心にくるよう置いてぎゅっと包み、ラップでしっかり巻く。
3 しっかり蒸気の上がった蒸し器に入れ、12分ほど蒸す。蒸し上がったら取り出し、粗熱が取れたらラップをはがして食べやすい大きさに切る。
4 くるみと松の実はオーブンなどで空焼きした後、ミキサーなどで少し砕く。生クリームもいっしょに混ぜ合わせ、好みで塩こしょうで調味する。3にかける。

 朝岡せん　ワンポイント
生クリームはホイップしないよう20〜30秒ほど攪拌したら止めましょう。

素材の味をそのまま
いちじくの田楽

●材料（4人分）
いちじく(固め)……4個
木の芽……4枚
けしのみ……適量
A ┌ 赤味噌…80g
  │ 砂糖…40g
  │ 酒…大さじ6
  └ みりん…大さじ2

●作り方
1. いちじくを半分に切り、底の部分が平らになるように少し切る。
2. 鍋に田楽味噌の材料を入れ、弱火で練り上げる。
3. いちじくに田楽味噌をぬり、けしの実と木の芽をのせる。
4. オーブンの中に3を入れ、250度で5〜7分焼く。

 高木幹夫　●ワンポイント
いちじくは塩分を排出し、高血圧やむくみを改善します。

さっぱりとした甘み
梨のスープ

●材料（4人分）
梨……1個
豆乳……400cc
ヨーグルト……大さじ3
はちみつ……大さじ2
塩こしょう……少々

●作り方
1. 梨は皮をむき一口大に切る。一切れ飾り用に残し、3〜4mm角に切っておく。
2. 一口大に切った梨と豆乳・ヨーグルト・はちみつをミキサーにかけ塩こしょうで調味する。飾りを浮かべる。

 朝岡せん　●ワンポイント
豆乳は牛乳で代用できます。

栄養たっぷり
青パパイヤと豚肉の炒め物

●材料（4人分）
青パパイヤ……1個
豚バラ……300g
にんじん……1本
ピーマン……2個
だし汁……100cc
塩こしょう……少々
ごま油……少々

●作り方
1. 青パパイヤは皮をむき、千切りにして水にさらし、水気を切る。にんじん、ピーマンも千切りにする。
2. フライパンに油をひき、一口大に切った豚肉を塩こしょうで炒める。
3. 青パパイヤ、にんじん、ピーマンを加えさっと混ぜる。だし汁を入れたら蓋をして、5分ほど蒸し焼きにする。
4. 青パパイヤがしんなりしたら、塩こしょう、ごま油で味付けする。

 二瓶可奈子　●ワンポイント
パパイヤに含まれる豊富な葉酸が貧血を予防します。

好きな野菜を入れて
エビとごぼうの雑穀サラダ

●材料(4人分)
ごぼう……1/2本
エビ……大4尾
プチトマト……8個
パプリカ……1/2個
雑穀……1カップ
コンソメ……1個
A ┃ オリーブオイル
　 ┃ 　…大さじ2
　 ┃ ビネガー…大さじ2
　 ┃ 塩こしょう…適量

●作り方
1 コンソメを入れた水500〜600ccで雑穀を弱めの中火で茹でる。30分ほどしたらざるに上げる。
2 ごぼうは洗い、1cm程度の輪切りにして歯ごたえが少し残る程度に茹でる。
3 エビは火が通るまで茹で、皮をむいて1cmほどに切っておく。
4 プチトマトは4つ割に、パプリカは3〜4mm角に切り、雑穀・ごぼう・エビをドレッシングで和える。

 ワンポイント
朝岡せん　野菜は他にもキュウリやセロリなど好みのものを入れてください。

相性抜群
きのこと厚切りベーコンのクリームスープ

●材料(4人分)
舞茸・しめじ・エリンギなど3種類くらい……計400g
たまねぎ……中1個
じゃがいも……中1個
厚切りベーコン……100g
小麦粉……大さじ1
バター……大さじ2
白ワイン……大さじ2
水……350cc
牛乳……350cc
塩こしょう……少々
パセリ(みじん切り)
　……適宜

●作り方
1 舞茸・しめじなどは食べやすい大きさに裂き、エリンギは一口大の角切りにする。たまねぎ・じゃがいも・ベーコンは1cm角切りにしておく。
2 鍋にバターを入れ、たまねぎを入れて弱火で炒めた後、じゃがいも・ベーコン・きのこの順に入れ、かるく火が通るまで炒める。
3 2へ小麦粉を振り入れて全体にしんなりする程度に弱火で炒めたら白ワインを入れ、一瞬蓋をして蒸し煮にする。
4 水をたして材料がやわらかくなるまで弱火で煮る。
5 最後に牛乳を入れ、全体が温まったら塩こしょうで味を調え、パセリを散らす。

ワンポイント
近藤香織　牛乳を入れてから沸騰させると風味が落ちるので注意しましょう。

秋のレシピ

秋野菜をさっぱりと
根菜の唐揚げ

●材料（4人分）
- だいこん……300g
- にんじん……100g
- れんこん……100g
- いんげん……12本
- 片栗粉……適量
- 揚げ油……適量
- A┌だし汁……400cc
- 　│醬油……65cc
- 　└みりん……30cc
- B┌にんにくすりおろし…10g
- 　└しょうがすりおろし…15g

●作り方
1. だいこん・にんじん・れんこんは食べやすい大きさに切る。Aを鍋で煮立たせて、10分で火を止める。
2. 1の鍋にBを入れて10分浸ける。
3. 片栗粉をビニール袋に入れ、その中に汁気を切った2を加えて衣をつける。
4. 低温に熱した油でいんげんを揚げて一口大に切り、同じ温度で3も揚げる。

 横山美紀　●ワンポイント
れんこんは免疫力アップのアシスト役です。

色鮮やかな定番おかず
紫いもコロッケ

●材料（4人分）
- 紫いも……中2本
- 牛乳……100cc
- 薄力粉・溶き卵・パン粉・揚げ油……適量
- A┌赤ワイン…小さじ2
- 　│塩こしょう…適量
- 　└砂糖…少々

●作り方
1. 紫いもを蒸して（湯がいてもよい）皮をむき、粗く切る。
2. 鍋に牛乳と1を入れ、弱火でつぶしながら煮る。Aをすべて加え、味を調える。
3. 粗熱が取れたら形を作り、薄力粉・卵・パン粉をつけて170度できつね色に揚げる。

 二瓶可奈子　●ワンポイント
さつまいもは高血圧、糖尿病などの成人病を予防します。

秋の食材で作る
大学さといも

●材料（4人分）
- さといも……8個
- 揚げ油……適量
- 砂糖……大さじ4
- 醬油……大さじ2
- しょうが汁……1片分
- 黒ごま……適量

●作り方
1. さといもは皮をむいてしばらく水にさらし、水気をきりよく拭いておく。
2. 揚げ油を低温（160度）に熱し、1のさといもを揚げる。火が通ったら油をきっておく。
3. 別の鍋に砂糖と醬油、しょうが汁を合わせて火にかけ、煮立ってきたら2のさといもを入れてからめる。黒ごまをふる。

 朝岡せん　●ワンポイント
さといもは胃の粘膜を保護し、消化を助けます。

あいち食紀行 ❼ 芋掘り大会

畑で家族そろっての共同作業…
農体験でふるさとの豊かさを実感、
成し終えた後の笑顔が清々しい。

▲収穫したさつまいも！を両手に持って…

　弥富市鍋田の鍋八農産の畑で行われた親子ふれあい芋掘り大会。朝早くから親子連れが集まる。慣れない手つきでスコップを扱うお母さん。大きな芋が見えてくると、お父さんも夢中。子どもと一緒に土を掘る。家族が一つになって汗を流す。都会では見られない光景だ。芋掘り大会はスーパーとメーカーの主催だが、鍋八農産でも稲刈り体験をする。田畑での農体験は古里の豊かさを実感すること。食べる人が参加することに意味がある。成し終えた後の笑顔は清々しい。田んぼ作業の受託もする。地域の農業を活性化する取り組み。環境にやさしい農業を実践する。主導するのは長男の八木輝治さん。とりたての米や米粉を使った加工食品を作るのはお母さんのフミエさん。「やぎさんちの台所」を取り仕切る。家族がともに働ける職場は素晴らしい。

▲こんなに大きい！　みんなで掘ったお芋です

▲芋掘り大会の会場では共催のメーカーからさつまいもを使った料理も紹介された

◀やぎさんちの台所は八木フミエ(中央)さんが切り盛りする。朝はスーパーに出すお弁当作り、午後は頼まれたケーキ作りと忙しい

▲鍋八農産でも収穫時には親子を対象にした稲刈り体験を行なう(写真・鍋八農産)

▶田んぼ作業受託も鍋八農産の仕事。弥富市を中心にエコファーマーの認定を受けた環境にやさしい農作業を展開する(写真・鍋八農産)

▲倉庫の整理が仕事…と笑う八木賢治さん

まろやか
豆乳担々麺

●材料（2人分）
冷麦またはそうめん……180g
豆乳(好みの濃さ)……600～650cc
鶏がらスープの素……小さじ2
挽き肉(豚か合挽き)……100g
醤油・砂糖・おろししょうが……少々
好みの葉物(今回は小松菜)……1株
練りごま……大さじ3
豆板醤……大さじ2
味噌……小さじ2
砂糖……小さじ2
ラー油……適宜

●作り方
1 挽き肉は醤油・砂糖・おろししょうがで軽く味をつけて炒める。
2 小松菜は塩を加えたお湯で茹でておく。
3 あらかじめ冷麦を茹でておく。
4 鍋に豆乳・練りごま・豆板醤・鶏がらスープ・味噌・砂糖を混ぜ合わせ、沸騰しないようにしばらく火にかける。
5 4の鍋に冷麦を加え、なじんだらできあがり。
6 5に1・2を盛り付ける。

苫川清子　ワンポイント
お好みでラー油を加えても美味しいです。

さつまいもの甘みがアクセント
スイートポテトの豆乳カルボナーラ

●材料（4人分）
さつまいも……2本
ショートパスタ(ペンネなど)……400g
チーズ(パルミジャーノレッジャーノなど)……50gほど
ベーコン……100gほど
卵……2個
豆乳……400cc
こしょう……適量

●作り方
1 さつまいもの皮を取り、一口大に切る。
2 水を沸騰させて塩を加え、パスタを茹で始める。同時に別の鍋で1を茹で、火が通ったらフォークなどで粗くつぶす。
3 耐熱皿にキッチンペーパーを敷いた上に食べやすく切ったベーコンを乗せ、その上にもう1枚キッチンペーパーをかぶせてレンジで2分ほど過熱する。
4 ボウルに少し温めた豆乳(レンジで20秒ほど)と卵を泡立てないように混ぜ、2のさつまいも、3のベーコン、チーズを加えてこしょうで調味する。
5 茹で上がったパスタを4に加えて和える。

朝岡せん　ワンポイント
3の工程でベーコンの余分な油を抜きます。ペーパーを上に被せないと、油が飛び散るのでご注意。

さっぱりと
豆乳シチュー

● 材料（4人分）

鶏むね肉……100g
にんじん……1本
じゃがいも……2個
たまねぎ……1個
白菜……1/4玉
ブロッコリー……1/2株
豆乳……600ml
小麦粉……適量
顆粒コンソメ……2本
塩……適量

松井直美

● 作り方

1. 鶏肉、野菜はそれぞれ食べやすい大きさに切る。ブロッコリーは茹でておく。
2. 鍋に油を入れ、肉と野菜を炒める。
3. ほどよく火が通ったら、火を止めて小麦粉を入れ、なじむまでよく混ぜる。
4. 火をつけて豆乳とコンソメを入れて混ぜる。水分が足りなければ水を足す。
5. とろみがついてきたら、野菜を弱火で煮込む。

🍳ワンポイント
野菜はお好みの柔らかさになるまで煮込みましょう。

味噌と豆乳で和風
豆乳キッシュ

● 材料（4人分）

豆乳……100cc
卵……2個
だし……大さじ2
味噌……大さじ1〜2
油揚げ……1〜2枚
とろけるチーズ……適量
ほうれん草……2〜3束
しめじ……1/4房

● 作り方

1. ほうれん草、しめじは軽く茹でて冷まし、一口大に切る。
2. だしに味噌を混ぜて溶かし、冷ます。
3. 油揚げに熱湯をかけ油抜きをする。
4. 卵、豆乳、1、2、を混ぜる。
5. 油揚げを敷き詰めた耐熱容器に、4を流し込む。
6. とろけるチーズをうえにかける。
7. 200度のオーブンで30分位焼く。

中島薫子 🍳ワンポイント
豆乳の代わりに、ミキサーにかけた豆腐でも美味しくいただけます。油揚げはなくても大丈夫です。野菜は好みの食材を使いましょう。

四季折々の味覚を楽しむ
季節野菜のポテトサラダ

● 材料（4人分）

じゃがいも……300g
季節の野菜(好みの野菜)……200g
マヨネーズ……大さじ5
塩こしょう……適量

● 作り方

1. じゃがいもをふかしてつぶす。
2. 季節ごとの彩りの良い野菜を加えて調味料で味を調える

佐橋麻衣子 🍳ワンポイント
旬の野菜を使ってバリエーションを楽しめます。

あいち食紀行 ❽ 蓮畑の道の駅

蒲焼きとか筑前煮とか
蓮根も昔は煮てばっかり…
家で作ったもんが一番だね。

道の駅立田ふれあいの里入り口。正面は多度山

　鵜戸川に架かる森川橋を越えるとすぐ道の駅の看板が現れる。正面に見える山は多度山。その手前に木曽川、長良川、揖斐川が流れている。かつての立田村は木曽三川の輪中地帯。木曽川によって形成されたデルタ地帯である。反面、木曽三川が運んで来た養分は肥沃な湿地帯を形成した。全国有数の蓮根産地である。早朝の蓮田を散歩していると、蓮根掘りをしている老夫婦がいた。87歳と82歳、まだ現役の蓮根農家。美味しい食べ方を尋ねると「筑前煮とか蒲焼とか昔は煮てばっかり…だけど家で作ったもんが一番だね」。戸倉の南陽寺に「立田赤蓮発祥の地」の説明では二説だが、何れも竜天和尚がきっかけになった。尾張蓮根として産物になったのは天保年間のことである。

◀伊藤文雄さんとトモエさん

▲木曽川

▲道の駅の脇を流れる鵜戸川の対岸にある森川花はす田。花が咲くのは7月頃

早朝の田圃をぶらぶら歩いていると、たくさんの出会いがある。普段は見過ごしてしまう小さな景色は不思議なくらい美しいことに驚いてしまう

▼鵜戸川沿い、蓮と米の田んぼの中に道の駅がある。駅舎の中では蓮根はもちろん新鮮野菜も手に入る。左の写真は道の駅のモーニング

はす工房では輝きネットのお母さんの手作り料理が人気。主役はもちろん蓮根だ

白菜の食感を楽しむ
野菜のあんかけ焼きそば

●材料（4人分）

焼きそば……2袋	鶏がらスープの素……大さじ1
白菜……1/4玉	オイスターソース……大さじ1
にんじん……1/2本	醤油……大さじ1
ねぎ……2本	酒……大さじ1
しめじ……1/2株	砂糖……小さじ1
塩……適量	水、片栗粉……適量

●作り方
1 フライパンに油をしき、野菜を炒める。
2 火が通ったら調味料と水を入れ、煮立たせる。
3 水溶き片栗粉でとろみをつける。
4 別のフライパンに少しの水と焼きそばを入れ、あたためる。
5 お皿に焼きそばを盛り、上に野菜のあんをかける。

松井直美　ワンポイント
お好みの野菜を入れてバリエーションが楽しめます。

3色で3つの味を楽しむ
赤米の三色おはぎ

●材料（小ぶり40個分）

A［赤米…3合　うるち玄米…2合　塩…小さじ2強］	【黒豆あん】黒豆・砂糖などの甘味料
あんこ……適量	【ずんだあん】枝豆・砂糖
【さつまいもあん】さつまいも・砂糖	きな粉……適量
	塩……適宜

●作り方
1 Aを土鍋で炊いて蒸らす。すりこぎでよくついて、3分づきにする。あんこは30gのあんこ玉にしておく。
2 さつまいもあんは、蒸したさつまいもをブレンダーで滑らかにして、好みの砂糖で甘みをつける。
3 黒豆あんは、圧力鍋で炊いた豆をブレンダーで滑らかにして砂糖などで甘みをつける。水分を飛ばしながら練り上げてほどよいかたさにする。
4 ずんだあんは、茹でて皮をむいた枝豆をブレンダーで滑らかにして砂糖で甘みをつける。
5 ついた米でそれぞれのあんを包んで、きな粉などをまぶす。

齋藤巴櫻　ワンポイント
さつまいもあんのさつまいもは粗く潰すと食感を楽しめます。好みできな粉にもひとつまみの塩を入れます。

ほのかな甘み
まこもたけのフライ

● **材料（4人分）**
まこもたけ……2本
小麦粉・卵・パン粉・揚げ油……各適量

● **作り方**
1 まこもたけは皮をむいて2cmほどの厚さに切る。
2 小麦粉・溶き卵・パン粉の順に衣をつけて油で揚げる。両面焼き色がついたら出来上がり。

秋を握る
銀杏おむすび

● **材料（4合分）**
米……4合
酒・みりん……各大さじ2
醤油……大さじ3
粉末昆布・乾燥ひじき……各小さじ1
にんじん……2cm
ぎんなん……40個

● **作り方**
1 ぎんなんは殻を割り、下茹でして薄皮をむく。
2 研いだ米に粉末昆布と乾燥ひじきを混ぜ、水をたした後、千切りしたにんじんとぎんなんを加えて炊く。

おかずに酒の肴にも
じゃがいもとコーンビーフの酒蒸し煮

● **材料（4人分）**
じゃがいも……中4個
コーンビーフ……1缶
日本酒（ワイン）……適量
塩こしょう……適量

● **作り方**
1 じゃがいもは短冊に切り、コーンビーフを先に炒めほぐした中に入れる。
2 たっぷりの日本酒を加え、蓋をして蒸し煮にする。
3 じゃがいもがやわらかくなったら、塩こしょうで味を調える。

齋藤巴櫻　**ワンポイント**　まこもたけは沼や川に生えるイネ科の多年草です。

鈴木美知子　**ワンポイント**　日本酒の代わりにワインを使っても風味が出ます。

横山友紀　**ワンポイント**　しっかり味のついた炊き込みご飯がおにぎりにちょうど良いです。好みで醤油を減らしても。

秋のレシピ

あいち食紀行 ❾ 師崎漁港

伊勢湾と三河湾、外洋へ…
尾張藩時代は軍事と商業の要所
漁港の利用漁船数は全国第二位。

▲岸壁で若者が海鼠(ナマコ)の腸(このわた)を洗っていた。港の岸壁でも獲れるという

師崎は知多半島の先端にある港町。伊勢湾と三河湾に挟まれた港で、太平洋にも近いことから漁港の歴史は古い。尾張藩にとっては天賦の地の利、海運の時代は軍事と商業の前線基地として賑わった。現在でも師崎港の利用漁船数は県下で最も多く、全国の漁港の中でも第2位である。出漁の時、風が強いと休漁になる。風が止み、穏やかな日差しが午前の港に溢れている。漁から戻ってきた小船が接岸する。2mほどもある岸壁を老漁師は綱を伝ってのぼる。笑顔でタコが入った網を見せてくれた。マダコは南知多の特産物、日間賀島はタコ島と呼ばれている。港の朝市では獲れたての地魚を売っている。シラスや大アサリ、干物、野菜も並ぶ。名古屋市街から約60km。車で1時間ほどの距離なので都心からの買い物客も多い。大井漁港、豊浜漁港も近い。

▲船の上は自由自在、でも陸の上は…と老漁師は笑う

▲タコの干物は日間賀島の名物でもある

▲知多半島の先端にある羽豆神社の展望台から振り返る。右手が三河湾で師崎漁港、左が伊勢湾

▲大アサリ（ウチムラサキ）　▲ホウボウ

▲ウバメガシ原生林の中にある羽豆神社

▶羽豆崎城址の碑

▲午前の光を浴びながら世間話に花が咲く

▲大井漁港　とれとれ漁師市の会場になる

弘法大師上陸像　聖崎の海の上に立つ弘法大師像

いちじくとセロリの
ベジフルジャム

● 材料
いちじく……3〜4個(約350g)
セロリ(茎)……小1本
砂糖(グラニュー糖)……90g
レモン……1/2個
しめじ……1/2株
塩……適量
鶏がらスープの素……大さじ1
オイスターソース……大さじ1
醤油……大さじ1
酒……大さじ1
砂糖……小さじ1
水、片栗粉……適量

● 作り方
1 レモンは表面をたわしでこすり、熱湯に入れて2〜3分茹で、塩でこすり洗いする。果汁を絞り、黄色い皮を包丁でそぎ、細かく千切りにする。
2 セロリは筋と皮を除き細かくカット、いちじくは皮をむき、適当な大きさにカットし、どちらも鍋に入れて砂糖をまぶしかけ、30分ほどおく。
3 果実から水分が出たら中火で煮詰めていく。
4 アクが出なくなったらレモン果汁と千切りにした皮を加え、さらに煮詰めてとろみがついたら出来上がり。

 ワンポイント
後藤麻衣子
沸騰後は鍋底から焦げ付くので、木べらでかき混ぜながらアクはこまめに取り除きましょう。また仕上がりは冷めると固くなるので煮詰め過ぎに注意です。

昔からの懐かしい味
鬼まんじゅう

● 材料(4人分)
さつまいも……400g
塩……小さじ1/5
ベーキングパウダー……小さじ2
A[卵…1個
  砂糖…100g
  水…120cc]
薄力粉……150g

● 作り方
1 さつまいもはよく洗い、1cm角に切って水にさらす。
2 薄力粉とベーキングパウダーを合わせておく。
3 ボウルに水を切った1とAを入れ、2を軽く混ぜる。
4 5〜10個分に分け、丸めて15分ほど蒸す。このとき蒸気が垂れないように、布巾をかぶせてから蓋をする。

 ワンポイント
名古屋C
さつまいもはよく洗って皮ごと使うと色がきれいです。紫いもをのせても。

秋の食材をたっぷり
柿とさつまいもとかぼちゃのサラダ

●材料（4人分）
柿……1個
さつまいも……中1個
かぼちゃ……1/3個
塩こしょう……少々
マヨネーズ……適量

●作り方
1 さつまいもとかぼちゃはふかして皮をむき、ボウルでつぶしてペースト状にする。
2 1を塩こしょう、マヨネーズで味付けする。
3 皮をむいて一口大に切った柿と2を和える。

島あすか ワンポイント
調味料を使わずに素材の甘み、粗めにつぶして食感が楽しめます。

甘みと酸味が絶妙
さつまいもとりんごのアイス

●材料（2人分）
さつまいも……大1個
りんご……中1/2個
カシューナッツ……30g
甘酒……100g
塩……ひとつまみ

●作り方
1 さつまいもを切って蒸し煮する。皮をむいてつぶし、冷ましておく。
2 カシューナッツと甘酒と塩をミキサーで撹拌しておく。
3 1に2と乱切りにしたりんごを入れてさらに撹拌する。
4 容器に入れて冷凍する。途中、固まる前に1〜2回混ぜる。

齋藤巴櫻 ワンポイント
ピーナッツやくるみなど、木の実なら大体何でも使えます。蒸し煮は素材がもともと持っている水分だけで蒸すように加熱する方法です。

あいち食紀行 ⑩ 篠島へ

シラスとトラフグとおんべ鯛…
伊勢湾・三河湾・太平洋に囲まれる
山頭火も訪れた周囲8kmの島。

▲島の漁船の舳先には唐草模様が描かれる

　山頭火に誘われて南知多の離島を訪ねた。師崎港から高速船で10分ほど。港の出迎えはおんべ鯛の張り子。篠島はシラス漁が盛ん。3隻が一組になって漁をする。風が強いと漁は休み。周囲約8kmの小さな島なのに誰一人見かけない。シラス漁は4月から12月まで。冬の期間は資源保護のため禁漁。操業時間も早朝から午前中だけ。3月から5月までがイカナゴ漁。山口県と並ぶフグの産地でもある。周囲の海ではノリの養殖も行われている。おんべ鯛奉納祭は伊勢神宮内宮に干鯛を奉納する儀式。6・10・12月に行われる。起源は定かでないが建久3年編纂の「皇大神宮年中行事」には干鯛42匹が献進された記述があるほど古い。

▲休漁の日はみんな集まって網の手入れ。遠くに見えるのは日間賀島。2km足らずのところだという
◀島には3軒の造船所がある。今作っているのは新造船

▲島の駅に置かれたおんべ鯛の模型

▶春風の声張りあげて何でも十銭 山頭火

▲風が強いと漁は休み。シラスは3隻一組、2隻で網を引き、一艘が運搬船だ

▲歌碑公園展望台から見た松島。海苔の養殖網も見える

▲砂浜が800mも続く海水浴場サンサンビーチ。地元では前浜（ないば）と呼んでいる

▲港から前浜に抜ける道。300mほどで島を横切る

▲熊野山から降りて行く途中に小さな畑を初めて見た

篠島を出た高速船は日間賀島を経由して師崎港へ

ほんのり秋色
おいもと干し柿とりんごのペースト

● 材料
りんご
干し柿
さつまいも
甘味料……適宜

● 作り方
1. りんごは薄いいちょう切りにして塩水にさらす。
2. 干し柿は刻んで、1といっしょに少なめの水で蒸し煮にしておく。
3. 蒸したさつまいもをフォークなどで粗めにつぶして、2と混ぜる。

斎藤巴櫻　ワンポイント
パンにつけて食べても美味しいです。

皮はしっかり餡はしっとり
さつまいもあんの揚げパン

● 材料（4人分）

A ┌ 強力粉…450g
　├ 薄力粉…300g
　├ 塩…13g
　├ ココナッツシュガー…50g
　├ ココナッツファイン…30g
　├ 菜種油…適量
　└ 酒粕酵母…適量

B ┌ 塩…少々
　├ さつまいも
　├ ココナッツオイル…少々
　└ 好みの甘味料…適量

● 作り方
1. Aの材料をすべて一緒にこねる。冬はあたたかい場所、夏は涼しい場所で1次発酵させる。
2. Bのさつまいもを蒸し、塩少々をふってつぶす。あたたかいうちにココナッツオイル少々と好みの甘味料で甘みをつける。
3. 1がふわっと膨らんだら50gずつに分け、かるく丸める。
4. 40gのおいもあんを包んで、2次発酵させる。
5. 油でじっくりと揚げる。

斎藤巴櫻　ワンポイント
さつまいもの皮を残すと、彩りがきれいです。

お母さんの味
さといもとイカの煮物

●材料（4人分）
イカ……2はい
さといも……20個ほど
A ┌ 醤油…大さじ3
　├ みりん…大さじ1.5
　├ 酒…大さじ1
　├ 砂糖…大さじ1.5
　└ だし汁…600cc

●作り方
1. イカはワタと軟骨を取り、食べやすい大きさに切る。
2. さといもは皮をむき、下茹でしておく。
3. 鍋にA・1・2を入れて煮付ける。

 鈴木美知子

ワンポイント
さといもを下煮しておくと、味が染み込みやすくなります。

懐かしい味、おかずの定番
さといもの煮ころがし

●材料（4人分）
さといも（小さめ）……600g
A ┌ 水…300cc
　├ だしの素…小さじ1/2
　├ 醤油…大さじ3
　└ みりん・酒・砂糖…各大さじ2
塩……少々

●作り方
1. さといもは皮をむき、塩水に付けてぬめりを取っておく。
2. 鍋にAと1を入れて中火で煮る。
3. 沸騰したら落とし蓋をして弱火で15分ほど煮る。
4. 煮汁が1/4ほどになったら落とし蓋を取り、中火で煮転がす。
5. さといもに色がついて照りが出たら火を止める。

 はす工房

ワンポイント
煮汁が少なくなってからは、焦げ付かないように鍋を揺すりながら煮転がします。

汁物に入れても美味しい
さといものそばがき

●材料（4人分）
さといも……中3〜4個
そば粉……80g

●作り方
1. さといもは皮をむいて、ひたひたの水で柔らかくなるまで煮る。
2. 煮えたら火から下ろしてそば粉を加え、麺棒などでつぶしながらよく混ぜる。
3. 沸騰した湯に形を整えながらスプーンで落とし、浮いてきたらすくう。

 榊原まみか

ワンポイント
鍋や味噌汁に入れても美味しいです。

秋のレシピ

ヘルシー生地
米粉のピザ

●材料（4人分）

米粉……60g	食塩……2g
グルテン……30g	ドライイースト……2.5g
砂糖……15g	オリーブオイル18g
スキンミルク……3g	水……100~120cc

●作り方
1. 材料をビニール袋に入れ、袋の上から手でもんでよく混ぜる。
2. 鍋に沸かしたぬるま湯に浮かしたボウルに入れ、20分くらい発酵させる。
3. シートの上に出してめん棒で延ばす。
4. 平らに延ばしたらフォークでつついて全体に穴を開ける。（発酵を止める）
5. ピザソースを塗って、ピーマンや玉ねぎなどをのせてチーズを振りかけ、オーブンで180℃で25分くらい焼く。

 ワンポイント
八木フミエ　パンを作るのと同じ要領です。

軽い食感
米粉のシフォンケーキ

●材料（12cm シフォン型　2個分）

製菓用の米粉……80g	水……30g
ベーキングパウダー……3.4g	【メレンゲ】
卵黄……38g（M玉 約2個）	卵白……40g（M玉 約6個分）
グラニュー糖……30g	グラニュー糖……50g
サラダ油……30g	

●作り方
1. 米粉とベーキングパウダーは合わせてふるっておく。
2. ボウルに卵黄をほぐし入れグラニュー糖を加えて、泡立て器でもったりするまでよく混ぜる。サラダ油、水を順番に加えながらよく混ぜ合わせる。
3. 2に1を入れ、泡立て器でさっくり混ぜる。
4. 別のボウルでAの卵白を泡立て、メレンゲを作る。
5. 3を再度混ぜてクリーム状にしたら、4の1/3量を加え泡立て器で混ぜ合わせる。残りの4も加え、混ぜ合わせる。
6. シフォン型に生地を6つに分けて入れ、180度のオーブンで約30分焼き上げる。
7. 焼きあがったら完全に冷めるまで型ごと逆さまにおく。

 ワンポイント
八木フミエ　メレンゲは、卵白を泡立ててグラニュー糖を数回に分けて加え、ボウルを逆さまにしても落ちないくらいまで泡立てます。

秋のレシピ

ぬかを使って
米ぬかクッキー

● 材料（4人分）

米ぬか……80~90g
米粉……30~40g
（米ぬか・米粉を合わせて120gにする）
抹茶……3g
砂糖……30g
牛乳……60g
サラダ油……10g

● 作り方
1. 材料を順にボウルに入れて混ぜる。
2. 最後に米ぬかは薄く色が変わるくらいから炒りしてから混ぜる。
3. 鉄板にひとつまみ取り、めん棒で丸く薄く延ばす。
4. 表面にパン用の棒でギザギザをつける。
5. オーブンを180℃にして20分ほど、うっすらと色づくくらい焼く。

 八木フミエ　ワンポイント
ぬかを使ったヘルシーおやつです。

山里・奥三河の懐かしい味
五平餅

● 材料

米
赤味噌・砂糖……同量

● 作り方
1. 米をとぎ、少し固めのご飯を炊く。
2. 炊き上がったらすりこぎでご飯をつぶす。
3. 1本につき、ご飯茶碗に軽く1杯分のご飯を丸める。
4. 3を型（あれば）に入れて串をさし、形を整える。
5. 同量の赤味噌と砂糖で甘い味噌だれを作り、一度焼いて表面を乾かしたものにたれをかけて、もう一度焼いたら出来上がり。

 八木フミエ　ワンポイント
エゴマだれ・ピーナッツだれ・甘味噌ダレ・醤油だれ・くるみ味噌ダレと…いろいろなたれがあります。

あいち食紀行 ⑪ 豆味噌とたまり

豆味噌の歴史は1300年超…
戦国時代には保存携行、タンパク源
今は調味料、大豆発酵食品として。

昭三蔵(右)は豆味噌づくりなどのイベント会場に、昭二蔵(奥)は味噌を販売する店舗として使われている

▲大五蔵は伝承館。醸造に使う道具や資料が置かれている。たまり仕込桶の模型で仕組みを紹介する会長の中川隆文さん

◀たまり醤油を熟成している木桶。薄暗い蔵の中で時が静かに沈殿してゆく

▼蔵の入り口。丸太の梁や土壁は大きな地震にも耐えたという

　黒い板塀の蔵が並ぶ武豊は醸造の盛んな町。鉄道と港ができると味噌・たまりの一大生産地になった。中定商店も明治12年創業の醸造元だ。重なり合う仕込み蔵は建てた年号の呼び名がついている。有形文化財に登録されているのは大正5年に建てられた大五蔵はじめ昭二蔵・昭三蔵。いずれも仕込蔵として使われていた。知多半島の先端・南知多町の醸造元は徳吉醸造。大正12年に創業した。味噌は奈良時代まで遡る伝統食。全国的な米味噌、九州四国の麦味噌、愛知をはじめ中京地域で造られるのが豆味噌だ。その伝統は1300年超。戦の世には保存・携行に便利なことから戦陣食に、貴重なタンパク源でもあった。各地の戦国武将も地味噌を奨励した。信玄は信州味噌、政宗は仙台味噌、秀吉・家康はもちろん豆味噌である。味噌文化の花が開くのは江戸時代である。

▲武豊の街には黒塗りの蔵がよく似合う

▲先代の商売の名残りという船旗。屋号は今も同じ

▲江戸時代の漁船模型が梁に乗っていた。楽しさ溢れる蔵の中

▲重石は犬山あたりの木曽川産　▶使い終わった麹蓋が積まれる

◀蔵付酵母の蔵の中、杉樽でゆっくり醸造される

▲味噌を入れた袋を重ね、ゆっくり押さえながらたまりを絞っていく

具だくさん
おかず茶碗蒸し

●材料（4人分）
- 豆腐……1/2丁
- ちくわ……1本
- 鳥もも肉……60g
- しいたけ……4枚
- エビ……4尾
- 青菜……適量
- 卵……4個
- A[だし…600cc / 白醤油…大さじ2 / 酒…大さじ2]
- B[だし…120cc / 醤油…大さじ2 / みりん…大さじ2]
- 水溶き片栗粉……適量

●作り方
1. 豆腐は人数分に切り分ける。ちくわと鶏は食べやすい大きさに切る。エビは皮をむく。しいたけは軸の先を切る。
2. 卵を割りほぐし、Aを加えてよく混ぜ合わせる。
3. どんぶりに具材を入れ、2を注ぐ。アルミホイルでふたをして、沸騰した蒸し器に入れて15分ほど蒸す。竹串を刺して、中まで火が入ったことを確認する。
4. Bを合わせて火にかけ、水溶き片栗粉でとろみをつけべっこうあんを作る。茶碗蒸しの上からかけて、ゆでた青菜をのせる。

 ワンポイント（長田勇久）
具だくさんで満足できる一品です。

1つで2度美味しい
肉じゃがオムレツ

●材料（4人分）
- じゃがいも……大4個
- たまねぎ……大1個
- にんじん……中1本
- 豚肉……300g
- だし汁……400cc
- A[醤油…大さじ4 / みりん…大さじ3 / 砂糖…大さじ2]
- 卵……大4個
- レタスなど（盛り付け用）…適量

●作り方
1. じゃがいも、たまねぎ、にんじんは一口大に切る。
2. 鍋にサラダ油を熱し、最初にたまねぎを炒める。次に肉を加えて炒め、にんじん、じゃがいもも加えてさらに炒める。
3. 2にだし汁を入れ、沸騰したらあくを取る。Aで味付けし、落とし蓋をして味が染み込むまで煮込む。
4. 味の染み込んだ肉じゃがの汁気を少し切っておく。
5. 油を熱したフライパンに卵を溶いて広げる。
6. 肉じゃがを卵焼きの真ん中に適量入れて（入れすぎると包めなくなるので注意）包む。
7. レタスなどと盛り付ける。

ワンポイント（杉浦さち子）
おばあちゃんがよく作ってくれた、子どもの頃の懐かしい味です。残り物の肉じゃがをアレンジしても。

秋のレシピ

シャキシャキとした食感
菊芋の味噌漬け

● 材料
菊芋……500g
水……500cc
塩……20g
味噌みりん粕(市販)……500g

● 作り方
1 菊芋をよく洗い塩水に5日間漬ける。
2 芋の水気を切り、タオルで拭く。味噌みりん粕と和えて樽に入れ、1か月ほど漬ける。

 山下弘達　ワンポイント　菊芋はしょうがのような外見で、低カロリー、カリウムが豊富な健康食品です。

鮮やかな黄色の
ウコンご飯

● 材料(4人分)
米……3合
ウコン(ターメリック)……大さじ1
たまねぎ……半分
塩……小さじ2

● 作り方
1 たまねぎはみじん切りにする。
2 炊飯器に1と全ての材料を入れて炊く。
3 炊き上がったらおにぎりにする。

榊原まみか　ワンポイント　ウコンの代わりにターメリックを使っても良いです。

香ばしい豆味噌の香りと旨味
ホタテ鍋の焼味噌

● 材料
かつお節
豆味噌
ねぎ
卵

● 作り方
1 鍋に水と鰹節を入れて沸騰させて、だしをとる。
2 豆味噌をすり鉢でする(味噌の旨味が出る)。
3 火にかけたホタテの貝殻に1のだし・2の味噌・5mmの輪切りにしたねぎを入れ、グツグツ煮たら真ん中に卵を落とす。
4 スプーンですくってご飯にかけていただく。

 中川やよい　ワンポイント　粒味噌はすり鉢でする と旨味が出ます。

一灯‥春夏秋冬

小伴天はなれ

暦の上では、立秋（8月8日ころ）から立冬（11月7日ころ）の前日までの季節が秋。陰暦の7月・8月・9月にあたります。秋は実りの時。手塩にかけた果樹や農作物を収穫する時です。収穫祭や鎮守の秋祭り、自然の恵みに感謝し、日々の労働で疲れた身体を癒すたくさんの行事があります。

前菜

地豆
落花生のことを地豆と呼びます。生の落花生を30分ほど塩茹でし、そのまま冷まして味を含ませます。生の物は鮮度が落ちやすいので、産地ならではの食べ方。枝豆よりも好まれ、未熟な豆も塩気があってうまいという方も多くいます。

里芋
愛知の伝統野菜には「八名丸里芋」があります。新城市で作られており、やわらかくねっとりとして美味しい。気候と土地の相性があり、他の地域で作っても本来の味わいは出にくい。他には「土垂れ」や「赤柄」などの品種も作られています。

ちりめんじゃこ
主な産地は南知多や田原・碧南。愛知県は全国3位。専門の漁師、専門の加工業者がいて、船が港に着くと、直ぐにせりが行われ、塩茹で、そして天日干し。一面、縮緬状に干し並べた風景が広がっています。

里芋、角麩、味噌かけ
ちりめんじゃこ、冬瓜酢
地豆塩ゆで

温物

かぼちゃ
愛知の伝統野菜には「縮緬かぼちゃ」があります。表面に縮緬状のヒダかあるのが特徴の和かぼちゃ。煮物にすると味は水っぽく感じます。西洋南瓜のようなほっこり感はないが、懐かしい素朴な味わいとも言われます。今回使ったのは「バターナッツ」。ひょうたん型のかぼちゃで、甘みがあり、スープなどにすると美味しい。かぼちゃにもいろんな品種があり、個性に応じて料理を作るのも楽しみ。

ワタリガニ
愛知でカニといえばワタリガニ。塩茹でにして食べます。濃厚な味噌と身が美味しい。甲羅を外すと「ガニ」と呼ばれるひだひだがあり、「カニ」は食っても「ガニ」食うな、と言われています。

南瓜茶わんむし
わたりがに、しょうが

酢の物

粕酢
江戸時代に半田の中埜さん（ミツカン）が酒粕から作って江戸で大ヒットしたお酢。独特の風味と赤褐色が特徴。静置発酵法でじっくりと時間をかけて醸されます。それを使ったすし飯は「赤シャリ」とも呼ばれ、ひと手間かけた江戸前寿しに使われています。

蝦蛄（シャコ）
愛知県は全国有数の産地。塩茹でされた蝦蛄が皿の上に山盛り、それを大人も子供も、はさみを使って胴体のサイドをチョキチョキと切り、殻をむいてむしゃぶりつきます。子持ち蝦蛄の味わいもまた格別。

いちじく、胡瓜、シャコ、長芋
ベビーリーフ、粕酢ゼリー

◀特製の木型　▼木型を抜くと…

煮物
豆腐
　高浜の石川さん（おとうふ工房いしかわ）が、国産大豆を使いにがり製法で、安心安全でおいしい豆腐を作ってくれています。一昔前は凝固剤に「すまし粉（硫酸カルシウム）」を使うのが当たり前の時代で、愛知県では「きぬ」や「木綿」よりも、すまし粉で固めた「ソフト」が一番人気でした。石川さんがにがり製法を復活させ、その美味しさが評判になりました。「ソフト」はいつの間にか店頭から消えてしまいました。

エリンギ
　愛知の在来種で「トットキ1号」というエリンギがあります。日本で初めて栽培に成功したエリンギで、「とっておき1号」から命名。普通のエリンギと比べて歯ごたえが抜群に良いのですが、傘の縁が欠けやすいのが特徴。生産者は一人だけです。

カマス、豆腐、ナス
揚げあんかけ
とっとき一号エリンギ
舞茸、しめじ

食事
箱寿し
　特製の木型（箱）で作る押し寿し。穴子・海老・卵など具材を斜めに並べる。同様の文化が各地に見られますが、その土地の食材を使うので、海と山では具材が違います。何段も重ねて押して作ります。昔は親族の集まる時に作り、1つずつお土産に持たせたりしました。現在では核家族化が進むとともに回転ずしや持ち帰りずしなど手軽な握りずしが増えたため、イベント以外に家庭では姿を消しつつあります。

箱寿し、金時しょうが甘酢漬

海老
　愛知県の魚は「車海老」。海老を好む土地柄であり、エビフライ（名古屋弁では海老ふりゃあ）が代表的。もともとはタモリがテレビでネタにしたところから由来するらしい。昔は沿岸で海老がよく獲れました。なかでも赤しゃ海老を加工して出来た海老せんべいが名高いようです。このあたりで普通にせんべいといえば海老せんべい。全国のシェアは95%。「ゆかり」など高級な焼きせんべいから、安価な揚げせんべいまで様々な種類があります。西尾・碧南の三河地区と南知多の沿岸が海老せんべいの主な産地。工場見学や買い物もできる施設もあります。

デザート
最中
　碧南は、最中の皮やアイスコーンの製造シェアは、全国でもトップクラスです。知られざる逸品。メーカーによっていろんな型がありそれも面白いです。

さつま芋最中、ムース、レモン煮

伊吹おろしが日本海の寒気をはこんでくる。
風のなか尾張では切干大根づくり。
蔵では寒仕込みのまっさかり。
酒や酢・豆味噌とたまり・醤油・みりん…
知多一帯では醸造文化が花ひらいた。
三河では、はくさい・にんじん・ほうれんそう、
渥美半島ではレタス、ブロッコリーの収穫期。
トラフグ漁で島の漁港は活気づく。
冬は味わいの時季(とき)。

冬をいただく

波の上をゆきちがふ挨拶投げかはしつゝ　山頭火
（南知多町 篠島）

「たけとよ町のたまりつくり」
岸川京介　（武豊町・小学生）
（水土里ネット愛知「ふるさとの田んぼと水」子ども絵画展 2015 年入選）

あいちの冬

ねぎ【葱】
●尾張地域特産の越津ねぎが多く栽培される。分けつが多いのが特徴で、青い部分も白い部分も共にやわらかく美味しくいただける。11月〜3月にかけての冬採りが主体。白い部分が多い一本ねぎは8月〜9月に収穫される。主な産地は一宮市・愛西市・あま市・豊川市・江南市など。生活習慣病を抑制し、殺菌作用もある。薬味として用いる。
主な料理 薬味 すき焼き 鍋料理 ねぎま

ほうれんそう【菠薐草】
●ビタミンC・B群をはじめ、鉄分やカルシウム、カロテンなどミネラルも多く含まれている緑黄色野菜で、貧血の予防にも効果がある。秋撒き、冬撒きの露地栽培と、夏撒きのハウス栽培など通年収穫されているが、愛知県産は主に秋から冬にかけて市場に出荷される。主な産地は安城市・稲沢市・豊川市・岡崎市・西尾市・清須市・飛島村・豊橋市など。アクが少なく、生のまま食べられるサラダほうれんそうも人気。
主な料理 お浸し 卵とじ 白和え 鍋料理

はくさい【白菜】
●愛知県では甘みがあってやわらかい芯が黄色い黄芯系品種が多い。冬から春が出荷の最盛期だが、10月〜12月の年内採り、1月〜3月の寒気採り、4月〜5月の春採りと、地域の気候によって3期に分かれている。主な産地は豊橋市・豊川市・豊田市・一宮市・稲沢市・西尾市など。ビタミンC、鉄分、カルシウム、カリウムを豊富に含む栄養価の高い野菜で、消化もよく、体内の余分な熱を冷ましてくれるので健胃や便秘解消にも効果がある。
主な料理 鍋料理 漬け物 野菜炒め

ちんげんさい【青梗菜】
●通年出荷されているが、特に多いのは春と秋。主な産地は田原市・安城市・豊橋市など。β-カロテン、カリウム、カルシウムを豊富に含むので抗酸化作用があり、生活習慣病予防に役立つ。油と相性がよく、一緒に料理するとビタミンやミネラルの吸収を助ける。淡白でクセがないので幅広く使うことができる野菜。
主な料理 炒め物 煮物 お浸し スープ 中華料理全般

にんじん【人参】

●ビタミンA（β-カロテン）・Cを多く含む。冬にんじんは糖度が8度以上もあり、ジュースにしても美味しい。大きく分けて西洋系と東洋系（金時にんじんなど）があり、愛知県では主に西洋系の五寸にんじんが作られている。主な産地は碧南市・西尾市・愛西市など。伝統野菜に八事五寸、碧南鮮紅五寸、木之山五寸が選ばれている。1月23日は碧南人参の日（JAあいち中央碧南人参部会）がある。

主な料理 サラダ　煮物　きんぴら　なます

みかん【蜜柑】

●温州みかん。原産地は鹿児島県だが、中国のみかんの名産地の名がつけられた。カロテン、ビタミンCが豊富。ハウスみかんは初夏から秋にかけて、露地栽培の宮川早生は11月から、青島温州は1月からそれぞれ販売される。主な産地は蒲郡市・東海市・南知多町・知多市・美浜町など。ハウスみかんは昭和44年から全国に先駆けて栽培を始めた。蒲郡温室みかん（蒲郡市）、みはまっこ（美浜町）などは名の通ったブランドになっている。

主な料理 生食　ジュース

だいこん【大根】

●青首大根が主流。品種改良などにより10月から4月までの間収穫が可能になった。主な産地は愛西市・豊川市・江南市・豊橋市・一宮市・扶桑町・田原市・西尾市など。生でよし、煮崩れもしにくく、ビタミンCと消化酵素のジアスターゼや繊維質も多く含んでいる。葉も鉄分、ビタミンB1・B2・A・C、カルシウムに富んでいる。切干し大根は野菜の少ない時期の貴重な食材だった。愛知の伝統野菜に方領大根・宮重大根・守口大根が選ばれている。

主な料理 おでん　漬物　煮物　味噌汁　刺身のつま　サラダ

セルリー【celery】

●ビタミンC・B群、カロテン、カリウム、カルシウム、食物繊維などが含まれる。香り成分のアピインに精神安定作用があり、ポリアセチレンは抗酸化作用がある。加熱しても香りは薄れず、調理では肉の臭いを消し、食欲を増進させる効果がある。露地栽培・トンネル栽培・ハウス栽培、二期作の組み合わせによって11月から3月まで出荷される。主な産地は田原市・豊橋市など。

主な料理 サラダ　スープ

なごやコーチン【名古屋コーチン】

●明治初期、元尾張藩士の海部兄弟が在来の地鶏と中国から輸入したバフコーチンを交配、卵肉兼用種としてつくられた。昭和30年代後半、海外から鶏肉が導入されたことで飼育数が減少したが、美味しいかしわ肉を求める消費者ニーズが高まるとともに飼育数が増加している。主な産地は豊橋市・豊田市・東栄町。名古屋コーチンは国内で唯一純粋種のまま供給されている地鶏で、知名度・品質ともに「地鶏の王様」と評されている。淡い桜色の殻と濃厚でコクのある卵黄が特徴の卵も人気が高い。

主な料理 ひきずり（すき焼き）　しゃぶしゃぶ　卵かけご飯

食材

寒い冬に体が温まる
豆腐と大根のほっこりスープ

●材料（4人分）
木綿豆腐……1/2丁
大根……200g
A ┌ 水…800cc
　├ ウェイパー…小さじ2
　└ 酒…大さじ1
塩……適量
醤油……適量
ごま油……適量
万能ねぎ……適量

●作り方
1. 木綿豆腐、大根は1cm角の拍子切りにする。
2. 鍋にAと1を加えて30分ほど煮込む。
3. 大根が柔らかくなったら、塩と醤油で味を調えてごま油を加える。
4. 器に盛り付けたら、小口切りにした万能ねぎを散らす。

横山美紀　ワンポイント
大根は免疫力を高め、風邪の予防になります。

バルサミコソースでいただく
冬大根のステーキ

●材料
大根（1cm厚さの輪切り）……8枚
にんにく……1片
チンゲン菜など青菜……1束
オリーブオイル……適量
バルサミコ酢……大さじ2
塩……少々

●作り方
1. 大根は皮つきのまま厚さ1cmの輪切りにし、両面に隠し包丁を入れておく。にんにくは包丁の背でつぶし、青菜は塩茹でしておく。
2. フライパンにオリーブオイルとにんにくを入れて火にかけ、香りが立ってきたら大根を並べ全体に少し塩をかける。
3. 蓋をして片面5～7分ずつ、両面とも焼く。竹串がすっと通るようになるまで、弱火でじっくりと蒸し焼きにする。
4. 大根に火が通ったらバルサミコ酢を全体にかけ、少し煮詰めるようにしてさらに焼き、大根に味を馴染ませる。
5. 最後に塩茹でした青菜も入れて、少し焼き目とバルサミコの風味をつけ、ともに器に盛り付ける。

近藤香織　ワンポイント
水分と甘みの多い冬の大根は下茹でなしにステーキにしても、とろりとしたやわらかい食感が楽しめます。

かぶの姿焼き
焼きかぶら

● 材料（4人分）
かぶ……中4個
オリーブオイル……適量
塩……小さじ1/2
黒こしょう……適量
アンチョビ……12g
りんご酢……小さじ1

● 作り方
1 かぶは縦に5mmの厚さの薄切りにする。
2 フライパンにオリーブオイルを熱してかぶを入れ、塩こしょうする。両面を4〜5分かけて焼く。
3 かぶに火が通ったら、細かく叩いたアンチョビ、りんご酢を加えて盛り付ける。

 ワンポイント
横山美紀　かぶは胸やけや食べ過ぎの不快感解消の効果があります。

食感がやみつき
こわもち

● 材料（4人分）
うるち米・もち米……6：4の割合

● 作り方
1 うるち米ともち米を30分〜40分蒸す。餅つき機でつく。
2 つくときに、青海苔を混ぜてもよい。
3 焼いて食べたり、雑煮に入れて食べたりする。

コンビネーション抜群
かぶの味噌マヨ和え

● 材料
かぶ……1個
かぶの葉……1個分
味噌・マヨネーズ……各小さじ1

● 作り方
1 かぶは皮をむき薄切りにする。かぶの葉は細かく刻む。
2 味噌とマヨネーズを混ぜてかぶと葉を和える。

 ワンポイント
松井直美　時間が経つとかぶの水分が出てしまうので食べる直前に和えます。

 ワンポイント
八木フミエ　つぶつぶの食感の残るお餅です。

冬のレシピ

定番メニューにアレンジを
イカぶり大根

●材料(3人分)
大根……1/2本
イカ……1ぱい
ぶりのつみれ……6個
水……300cc
醤油……大さじ2
砂糖・酒・みりん……各大さじ1

●作り方
1 大根を2cmくらいの厚みに切り、1/2（半月）の大きさに切る。
2 鍋に水を入れ、大根を20分くらい下茹でする。
3 イカを食べやすい大きさに切る。
4 2にイカ、砂糖、酒をいれ、中火でアクを取りながら5分くらい煮ます。
5 醤油、みりん、ぶりのつみれを入れ、弱火で30分くらい煮てから火を止めて30分くらい冷ます。

ワンポイント 近藤耕治
定番メニューのぶり大根をぶりのつみれとイカでアレンジしました。

絶妙の食感
大根とこんにゃくの照り焼き

●材料
板こんにゃく……1/2枚
大根……5cmほど
酒・醤油……各大さじ2
みりん・砂糖……各大さじ1
いりごま……適量

●作り方
1 こんにゃく、大根は長さ、幅をそろえて短冊切りにする。こんにゃくは軽く下茹でする。
2 フライパンに油をしいて大根を炒め、火が通ったらこんにゃくを加える。
3 調味料を加え、少し煮立たせ水分をとばす。
4 お皿に盛り、いりごまをかける。

ワンポイント 松井直美
お酒のおつまみにも最適です。

食べ出すと止まらない
沢庵漬け

●材料
大根……1kg
塩……50g
沢庵漬けの素(市販)……50g

●作り方
1 大根に塩をよくすり込む。
2 樽に入れて30kgの重石をして1週間下漬けする。
3 取り出して水を切り、沢庵漬けの素と和えて、樽に入れる。
4 20kgの重石をして1週間漬ける。

ワンポイント 山下弘達
一手間かけて手作り沢庵が楽しめます。

冬のレシピ

旨味たっぷりの煮汁で作る
切り干し大根のおいなりさん

● 材料（10個分）
油揚げ……5枚
A ┌ 醤油…大さじ6
  │ みりん…大さじ3
  │ 砂糖…大さじ2
  └ だし汁…1カップ
切り干し大根の煮物の煮汁……適量
高野豆腐・ごぼう・にんじん・まこもだけ等
醤油・みりん……適宜
3分つきご飯（精米度が低い、玄米に近い米）または普通のご飯……3合
B ┌ 酢…大さじ4
  │ 砂糖…大さじ2
  └ 塩…少々

● 作り方
1 切り干し大根の煮汁で、具を煮付ける。煮汁が少ない場合や味が薄い場合は、醤油・みりんで味を調える。
2 油揚げをAで煮る。
3 炊きたてのご飯に、Bのすし酢と具を混ぜる。
4 煮ておいた揚げに3を包む。

齋藤巴櫻

ワンポイント
旨味たっぷりの煮汁を活用するのに考えたレシピです。具は切り干し大根やひじきの煮物、ゆかり、すりごま、しょうがの甘酢漬けなどあるもので。

冬だいこんの甘みを味わう
だいこんの煮物
Japanese Raddish

● 材料
水……3カップ
大根……1/2本
だし(顆粒)……大さじ1
片栗粉……小さじ1

● Ingredients
3 cups of water
Half Japanese radish
Dashi one big spoon
Corn starch small spoon

● 作り方
1 大根は厚めに切り、柔らかくなるまで煮る。
2 だしと水を加えて、片栗粉でとろみをつける。

● Cooking Instructions
1 Boil radish until soft.
2 Add dashi, water and corn starch to make the soup a little thicker and make the Japanese radish look gorgeous.

Ximena Elgueda

ワンポイント
旬の新鮮な素材は、素材本来の味を味わうために最小限の調味料で仕上げます。

冬のレシピ

あいち食紀行⑫ 八丁味噌と佃煮

日本の食文化を海外へ‥
Certified Organic HatchoMiso、
伝統食品つくだ煮を世界の食卓へ。

▲煮込むほど美味しくなることを実演してくれた

「岡崎城から西へ八丁の所で造られているから八丁味噌」とは Mr.HATCHO。浅井信太郎社長の外国での愛称だ。延元8年創業、680年の味の伝統を守る。思い出したように半纏を羽織って調理室へ。八丁味噌を鍋に溶きながら「煮込むと美味しいんです」と実演。ドイツ留学経験からオーガニックへの可能性を見出す。有機大豆を使った有機八丁味噌を海外で発売している。地元のアサリやハゼを佃煮にして販売した豊橋の平松食品の創業は大正11年。平成17年の世界食品コンクール・モンドセレクションで「さんま蒲焼」「いわし甘露煮」で金賞を受賞して以来、受賞が続いている。徳川家康が佃村の小魚煮を初めて味わったのは本能寺の変からの敗走途中だったとか。漁師の知恵が生み出した佃煮は日本の伝統食品になって世界の食卓に届く。

◀創業から680年続く製法。大豆と塩と水を使い、二夏二冬寝かせる伝統の味。約3tの石は人の手で積みあげられる

▲岡崎城に通じる道には「まるや」と「カクキュー」の八丁味噌蔵が向かい合う

▲煮炊き工程 職人がたれの感じを見ながら釜揚げのタイミングを見計らう

▶釜の中に甘露煮の水飴を入れる

▼照りを出すため仕上げのたれをかける。三河佃煮ならでは工程

海外に輸出されるパッケージ

冷奴

味噌カツ

なす田楽

▲ハゼの甘露煮

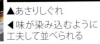
▲あさりしぐれ

◀味が染み込むように工夫して並べられる

▲水産高校とコラボして開発した佃煮「愛知丸ごはん」。実習船愛知丸の中で食べるジュレタイプ

いわし甘露煮金ごま包み

▲釜揚げされた佃煮は味が染み込むように一昼夜、調味液に浸される

お祝いやパーティーに
かしわもも肉の照り焼き

● 材料（4人分）

骨付き鶏もも肉……4本　酢……大さじ1½
醤油……大さじ5　　　サラダ油……適量
みりん……大さじ3　　塩……適量
酒……大さじ6　　　　七味……適量
砂糖……大さじ3

● 作り方

1 鶏肉は骨に沿って切れ目を入れる。両面に塩を振る。
2 フライパンに薄く油を敷き、鶏肉を皮目から焼く。中火でじっくり焼いていき、皮目が焼けて来たら裏返す。
3 鶏に火が入ってきたら、調味料を加えて、絡めながら煮ていく。
4 鶏肉の骨の先にアルミホイルを巻き器に盛り付ける。

 ワンポイント　長田勇久

養鶏が盛んな愛知では鶏のことを「かしわ」と呼びます。モモ肉に照り焼きはお祝いの時の定番です。

やさしい甘み
にんじんそぼろご飯

● 材料（4人分）

にんじん……200g
干ししいたけ……15g
高野豆腐……1枚
だし汁……35cc

A ┌ 薄口醬油…大さじ1
　├ みりん…小さじ2
　├ 酒…大さじ2
　├ しょうが汁・はちみつ
　│　…各小さじ2
　└ メープルシロップ…小さじ1
だし汁……大さじ2

B ┌ 薄口醤油・みりん・酒
　│　…各小さじ1
　└ ごま油…適量

C ┌ 薄口醤油・みりん・酒
　│　…各小さじ1
　├ はちみつ…小さじ½
　├ だし汁…大さじ2
　├ 一味唐辛子…適量
　└ オリーブオイル…適量
ご飯……2合
たくあん(甘め)……30g
パセリ……適量

● 作り方

1 にんじんはすりおろし、オリーブオイルで炒め、Aで味付けしてさらに水分を飛ばす。
2 干ししいたけは水につけて戻し、軸を落として薄切りにする。鍋にオリーブオイルを入れて炒め、Bで味付けする。
3 高野豆腐はだしに浸けて戻し、みじん切りにする。鍋にCと一緒に入れて炒りつける。
4 みじん切りにしたたくあんを温かいごはんに混ぜて器に盛り、1・2・3を乗せたら、みじん切りにしたパセリを散らす。

 ワンポイント　横山美紀

彩りもきれいで、にんじん嫌いなお子様にもおすすめ。

冬のレシピ

定番おかず
ごぼうとにんじんのきんぴら

● 材料
- ごぼう……1本
- にんじん……1/3本
- 酒……40cc
- みりん……大さじ1
- 砂糖……大さじ1/2
- 醤油……大さじ1
- すりごま……適量
- ごま油……適量

● 作り方
1. ごぼうをたわしでこすり、細切りにする。にんじんも細切りにする。
2. フライパンにごま油を熱し、1を炒める。しんなりしてきたら酒、みりん、砂糖を加える。
3. 少し煮立たせて、とろっとしてきたら醤油を加えてすりごまを入れる。

 佐橋麻衣子　ワンポイント　畑から取ってきた野菜できんぴらをよく作ります。おかずの定番です

おやつやおつまみに
カリカリにんじん

● 材料（4人分）
- にんじん……100g
- じゃがいも(男爵)……中4個　※目安/男爵中1個＝160g
- 卵……1個
- 粉チーズ……大さじ6
- 塩こしょう……適量
- バター……20g
- パセリ……適量

● 作り方
1. にんじん、じゃがいもは細切りにする。
2. ボウルに1、溶き卵、粉チーズを入れてよくかき混ぜ、塩こしょうでしっかり味付けする。
3. フライパンにバターを入れて溶かし、スプーンで2を直径5cm程度に丸く形作り焼く。片面が焼けたらパセリを上にのせて、ひっくり返し反対側も焼く。

 横山美紀　ワンポイント　にんじんは皮膚や粘膜を健康に保つ効果があります。

旬の食材はシンプルにいただく
へきなん美人のオリーブオイルサラダ

にんじんは5mm厚さの輪切りにして、オリーブオイルとこしょうで和える。半なま程度に火を入れると甘みが増す。

【浅漬け】　皮をむいて一口大に切り、ビニール袋に白だしと、香りづけ程度にごま油を入れ、冷蔵庫に入れる。

 永井千春　ワンポイント　へきなん美人は美しい見た目で、にんじん独特の臭みが少なく、甘みがあります。

あいち食紀行 ⓭ きしめん

江戸時代の名物は芋川うどん‥安城和泉の伝統製法・半生返し、人と機械、最後の仕上げは南風。

江戸初期の仮名草子「東海道名所記」に三河芋川の里（刈谷市今川）の名物ひらうどんが記されている。「ひもかわ」と呼ばれる幅の広いうどん。姿形はまるできしめんだ。細いうどんは冷麦があり、さらに細くなるとそうめんがある。愛知県の麺生産量は全国第4位。製麺の町と言われる安城泉を訪ねた。麺店の朝は早い。午前4時から家族総出で作業が始まる。材料は塩と水と粉。こねた塊を機械についた滑車を通して細くしていく。人と機械のコラボレーションの産物。細くなった麺を外気に晒す。海から吹き抜ける南が最後の仕上げ。乾麺に湿度をもたせてゆっくり戻す。半生返しは江戸時代から続く独特の製法。伝統は引き継がれている。

機械と人間のコラボで麺を細くしていく。神本剛さん（写真上）と父親の實男さん（写真左）。料理は梅おろしきしめん

▲大きなうどんの塊を少しずつ細くしていく

▶三河の海から吹いてくる南風に麺を晒すのが安城和泉の伝統製法「半生返し」。乾いた麺に湿度をもたせてゆっくりと戻していく。つるつるでコシのある食感が生まれる

▲タライに入れた麺が滑車を通って手前の細い棒にかけられていく。まるで機織り工場の手織り機のようである

▲昔は棒を使って人間が細く細く伸ばしていた。實男さんが当時の様子を再現して見せてくれた

▶機械で伸ばした麺をかけ、扇風機で風を当ててて一度乾燥させる

シメは雑炊
白菜と鶏団子の豆乳鍋

● 材料（4人分）

白菜……600g
A［鶏ひき肉…400g
　ねぎみじん切り…大さじ4
　しょうが汁・醤油・みりん
　　…各小さじ2］
B［水…300cc
　成分無調整豆乳…800cc
　顆粒鶏がらスープ・醤油
　　…各大さじ2］
ご飯……適宜
白菜キムチ……40g

● 作り方

1 白菜は茎の部分を縦に繊維に沿って1cm幅3cmの長さに切る、葉は3～4cmに切る。
2 Aの材料を混ぜ、鶏だんごを作る。
3 鍋にBを合わせて入れ、煮立ったら2をスプーンですくって加える。
4 1の白菜の茎を鍋に加えて、最後に白菜の葉を入れる。すべて火が通ったら出来上がり。
5 4のスープにご飯、白菜キムチのみじん切りを加えて雑炊にする。

横山美紀　 ワンポイント
白菜は低カロリーで、ミネラル類がバランスよく含まれています。

手作りで本格
白菜キムチ

● 材料（4人分）

白菜……20kg(約10玉)
大根……6本
長ねぎ……4本
にら……4束
しょうが……200g
唐辛子粉(中びき)……400g
りんご……4個
たまねぎ……4個
いかの塩辛……1kg
キムチの素……1kg
アミの塩辛……1kg
イワシのエキス……適量
煮干しのだし汁……300cc
砂糖……200g

● 作り方

1 下準備として白菜を3%の食塩水に3～5日漬ける。
2 大根は3～5mmに輪切りしたものを細かく切り、唐辛子粉をまぶしておく。
3 長ねぎ、にらは3cmくらい、たまねぎは細切り、しょうがとにんにくは細かく切るか千切りにする。
4 りんごは4つ割りか8つ割りを薄く切っておく。(梨があれば入れるとよい)
5 いかとアミの塩辛、イワシのエキス、キムチの素、砂糖を混ぜておく。
6 2～5をよく混ぜ合わせ、水気を切った白菜の葉と葉の間に挟み込む。5～6日以降が食べ頃。

美浜・武豊町農村生活アドバイザー　 ワンポイント
5～6日以降が食べ頃です。

旬の食材はシンプルに
白菜のごま和え

● 材料（4人分）
白菜……適量
A ┌ 白すりごま……大さじ2
  │ 酢・醤油……各大さじ1
  └ 砂糖……小さじ1
塩……少々

● 作り方
1 白菜の緑色の部分はざく切り、芯は4cm長さに切って5mm幅に。
2 塩を少し加えた熱湯で緑色は10秒、芯は30秒を目安に茹でる。
3 Aの材料をボールに混ぜ合わせてごま酢を作っておき、水気をきってよく絞った2を加える。

口の中でとろける
とろりん白菜のしょうが焼き風

● 材料（4人分）
白菜……400g
水……60cc
干し桜エビ……10g
ごま油……適量
A ┌ おろししょうが…10g
  │ はちみつ…小さじ2
  │ 酒…20cc
  │ 醤油…30cc
  └ 片栗粉…小さじ2

● 作り方
1 白菜は芯と葉に分けて、芯は一口大の斜め切り、葉は大きめに切る。
2 干し桜エビを10分水に浸けて戻す。
3 フライパンにごま油をひいて1の白菜の芯を入れ、次に葉の部分を入れて油が馴染んだら2を加える。蓋をして弱火で火を通す
4 3にAを加えて混ぜ合わせ、とろみがついたら出来上がり。

 松井直美　**ワンポイント**
愛知県は、白菜の出荷量全国第4位です。

冬の定番メニュー
紫大根の甘酢漬け

● 材料（4人分）
紫大根……300g
塩……適量
A ┌ 酢…大さじ3
  │ 水…大さじ3
  └ 砂糖…大さじ3

● 作り方
1 大根は薄く皮をむき、横半分に切ってから縦4つに切る。5mmほどの厚さのいちょう切りにする。塩を揉みこみ2時間くらい置く。
2 水気を切り、Aの甘酢に1日漬けこむ。

 しょうがと白菜の相性抜群です。

山下弘達　**ワンポイント**
紫大根には血液をきれいにする働きがあります。

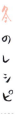

濃厚でも後味さっぱり
味噌煮込みうどん

●材料（1人分）
うどん……1玉
鳥もも肉……30g
長ねぎ……1/2本
油揚げ……1/2枚
しいたけ……1枚
かまぼこ……適量
卵……1個
だし汁……400cc
A ┌ 赤味噌（八丁味噌）…50g
　├ 砂糖……5g
　└ みりん……10cc

●作り方
1 鳥もも肉は一口大、長ねぎは斜め切り、油揚げは細切り、しいたけには十字の切り込みを入れる。
2 だし汁に肉を入れて沸騰させる。
3 うどんを入れて火が通ったらAを入れて煮込む。
4 他の具材を入れて煮込む。沸騰してとろみが付いてきたら、卵を落として出来上がり。

名古屋C　ワンポイント
かつおだしと名古屋名産の八丁味噌で作った濃い汁に、固めの太いうどんを入れて煮込んだ料理です。

家庭の味
大高菜のお雑煮

●材料（4人分）
だし汁……800cc
醤油……20cc
塩……小さじ1
顆粒だし……小さじ1
大高菜……200g
餅……適量
かまぼこなど

●作り方
1 大高菜は塩を入れた熱湯でさっと茹でて、食べやすい大きさに切っておく。
2 鍋にだし汁、醤油、顆粒だしを入れてひと煮立ちする。
3 器に2を入れ、焼いた餅、大高菜、かまぼこなどを盛り付ける。

冬のレシピ

山口幸江　ワンポイント
大高菜は愛知の伝統野菜で、餅菜として使用されます。

居酒屋定番
どて煮

● 材料（4人分）

豚ホルモン……250g
だいこん……適量
長ねぎ……適量
唐辛子……適宜
だし汁……600cc
赤味噌(八丁味噌)……大さじ6
砂糖……大さじ5
酒……大さじ2

● 作り方

1 ホルモン、だいこんは一口大に切っておく。
2 だし汁をひと煮立ちしたら調味料とホルモン、だいこんを入れ、強火で煮込む。
3 アクを取りながら中火で煮込み、アクが出なくなったら弱火でじっくり煮込む。

 ワンポイント
名古屋C　酒の肴にしたり、ご飯にかけて「どて丼」にしたりします。牛スジやモツでも。

豆味噌の旨みを味わう
篠島風 味噌焼き

● 材料

豆味噌
だし汁
卵

● 作り方

1 鍋にだし汁を入れ、ひと煮立ちして豆味噌(だし汁の分量より少なめ)を加え、豆が煮えるくらいまで煮込む。
2 卵を落として少しくずしたら出来上がり。熱々のご飯にのせていただく。

伝統野菜をシンプルに
大高菜の辛子和え

● 材料

大高菜……200g
砂糖……小さじ1/2
醤油……小さじ1
ごま……大さじ1

● 作り方

1 大高菜をさっと茹で、食べやすい大きさに切る。
2 砂糖と醤油で和え、ごまをかける。

 ワンポイント
山口幸江　大高菜は独特の香りとほろ苦さが特徴です。

ワンポイント
辻 根美　豆味噌が主。薄いと味気ないので味噌をたっぷりと使います。味はお好みで。

冬のレシピ

あいち食紀行 ⑭ 醸造所

知多半島丘陵部の湧水で栽培した県産酒造好適米若水を甑(こしき)で蒸すのは酒造りの第一歩です。

▲麹蓋で麹を作る作業は夜間に行われる

常滑の澤田酒造で、酒米を蒸す作業を見た。甑に米を入れるのが午前5時、夜明け前ということもあって酒蔵の片隅で一夜を過ごす。蒸しは酒造りの第一歩。もろみ経過や粕歩合などの工程に影響を与えることから大変重要だという。全て手作業、醸造の技術・伝統が今も伝えられている。知多一帯では多種類の醸造品が作られていた。江戸時代後期の酒蔵数は200超。半田では酢、碧南で味醂が醸造を開始した。幕末から明治になると、半田や武豊を中心に味噌・たまりの醸造業が発展する。18世紀前半に江戸積みが始まった酒は後半には江戸に入る清酒の1割が尾張産。江戸と上方の中間で造られた酒は「中国酒」と呼ばれ、灘と消費量を二分するほど人気があったそうである。

▲蒸し上がった米の掘り取り作業

◀甑は酒米を蒸す大樽。杉材で造られているが、作り手はもう少ない。約2トンの米を2時間ほどかけて蒸す。冬の蔵の中は白い蒸気でいっぱいになる

焼酎とみりん

約300年の平和が続いた江戸時代、人々の生活が安定すると町民の間にさまざまな文化が生まれる。食文化もその一つ。美味しく食べたいのは人の夢。料理を豊かにする調味料が重視され、醸造業も盛んになる。豆味噌・たまり・白醤油・みりんは当時から尾張・三河の特産物だった。藩財政を助ける為に酒造りも奨励された。

▲倉庫に眠っていたという看板。今は杉浦味醂の歴史が詰まった宝物だ

焼酎

1 ええなも
清洲桜醸造㈱
清須市清洲1692
☎052-409-2121

2 眠れる黒猫
内藤醸造㈱
稲沢市祖父江町甲新田高須賀52-1
☎0587-97-1171

3 荷葉のしずく
鶴見酒造㈱
津島市百町字旭46
☎0567-31-1141

4 加寿登利
甘強酒造㈱
海部郡蟹江町城4-1
☎0567-95-3131

5 未来嗜好
相生ユニビオ㈱
西尾市下町丸山5
☎0563-56-2101

6 美吉野
㈱角谷文治郎商店
碧南市西浜町6-3
☎0566-41-0748

7 八蔵
福井酒造㈱
豊橋市中浜町214
☎0532-45-5227

8 吟の精
関谷醸造㈱
豊田市黒田町南水別713
☎0565-83-3601

みりん

1 瑞豊 本味醂
㈱藤市酒造
稲沢市稲葉3-4-30
☎0587-32-3155

2 七重桜
内藤醸造㈱
稲沢市祖父江町甲新田高須賀52-1
☎0587-97-1171

3 神鶴
鶴見酒造㈱
津島市百町字旭46
☎0567-31-1141

4 甘強
甘強酒造㈱
海部郡蟹江町城4-1
☎0567-95-3131

5 神杉
神杉酒造㈱
安城市明治本町20-5
☎0566-75-2121

6 相生
相生ユニビオ㈱
西尾市下町丸山5
☎0563-56-2101

7 九重桜
九重味醂㈱
碧南市浜寺町2-11
☎0566-41-0708

8 三州三河みりん
㈱角谷文治郎商店
碧南市西浜町6-3
☎0566-41-0748

9 愛桜
杉浦味醂㈱
碧南市弥生町4-9
☎0566-41-0919

10 峰宝
小笠原味醂醸造
碧南市弥生町4-21
☎0566-41-0613

愛知の地酒

愛知県産の酒造好適米
◉「夢水山」「若水」「夢吟香」の3種がある

愛知の酒造りの歴史は古く、古事記・日本書紀の時代に遡る。日本武尊（やまとたけるのみこと）が尾張で宮簀媛命（みやすずひめ）と会ったときに大御酒盞（おおさかずき）が捧げられる場面がある。尾張一宮の酒見神社には酒造の神・酒弥豆男神（さかみつお）と酒弥豆女神（さかみつめ）が祀られ、由緒には清酒の醸造が最初に行われたところで、使われた二つの甕が本堂裏に埋められていると。千年以上も昔の記録だ。奈良・京都に近く古代から交流があったために醸造技術が早く伝わったこと、木曽三川や矢作川などの伏流水や良質な原料米、酒造りに適した気候風土に恵まれていたこともある。それに拍車をかけたのが酒を好んだ名古屋藩主二代目光友だ。酒造りの先進地・南都（奈良）より杜氏を招いて指導させるなど酒造りを奨励。名古屋城下・尾張藩内の酒造業は急速に発展した。

名古屋地区

❶ 金虎
金虎酒造㈱
北区山田3-11-16
☎052-981-3960

❷ 曲水宴
双葉酒造㈱
北区楠味鋺4-401
☎052-901-3156

❸ 東龍
東春酒造㈱
守山区瀬古東3-1605
☎052-793-3743

❹ 鬼ころし
清洲桜醸造㈱
清須市清洲1692
☎052-409-2121

❺ 神の井
神の井酒造㈱
緑区大高町字高見25
☎052-621-2008

❻ 鷹の夢
山盛酒造㈱
緑区大高町字高見74
☎052-621-2003

❼ 醸し人九平次
㈱萬乗醸造
緑区大高町字西門田41
☎052-621-2185

❽ 八束穂
八束穂酒造㈱
中川区牛立町5-9
☎052-361-1803

知多地区

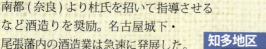

❶ 國盛
中埜酒造㈱
半田市東本町2-24
☎0569-23-1231

❷ 四天王
甘強酒造㈱
蟹江町城4-1
☎0567-95-3131

❸ 酔泉
山田酒造㈱
蟹江町大字須成1245
☎0567-95-2048

❹ 金鯱
盛田金しゃち酒造㈱
半田市亀崎町9-112
☎0569-28-0250

❺ ほしいずみ
丸一酒造㈱
阿久比町大字植大字西廻間11
☎0569-48-0003

❻ 生道井
原田酒造合資会社
東浦町大字生路字坂下29
☎0562-83-5171

❼ 白老
澤田酒造㈱
常滑市古場町4-10
☎0569-35-4003

❽ ねのひ
盛田㈱
常滑市小鈴谷字亀井戸21-1
☎0569-37-0511

尾張地区

1 東洋自慢
東洋自慢酒造㈱
犬山市羽黒字前川原48-3
☎0568-67-0001

2 小弓鶴
小弓鶴酒造㈱
犬山市羽黒字成海郷70
☎0568-67-0033

3 星盛
山星酒造㈱
江南市布袋町西95
☎0587-54-4433

4 楽の世
丸井合名会社
江南市布袋町東202
☎0587-56-3018

5 勲碧
勲碧酒造㈱
江南市小折本町柳橋88
☎0587-56-2138

6 ことぶき
藤市酒造㈱
稲沢市稲葉3-4-30
☎0587-32-3155

7 木曽三川
内藤醸造㈱
稲沢市祖父江町甲新田高須賀52-1
☎0587-97-1171

8 長珍
長珍酒造㈱
津島市本町3-62
☎0567-26-3319

9 神鶴
鶴見酒造㈱
津島市百町字旭46
☎0567-31-1141

10 千瓢
水谷酒造㈱
愛西市鷹場町久田山12
☎0567-37-2280

11 平勇
渡辺酒造㈱
愛西市草町道下83
☎0567-28-4361

12 義侠
山忠本家酒造㈱
愛西市日置町1813
☎0567-28-2247

13 米宗
青木酒造㈱
愛西市本部田町本西60
☎0567-31-0778

三河地区

1 昇勢
永井治一郎
碧南市志貴町2-90
☎0566-41-0053

2 神杉
神杉酒造㈱
安城市明治本町20-5
☎0566-75-2121

3 あいおい
相生ユニビオ㈱
西尾市下町丸山5
☎0563-56-2101

4 尊皇
山﨑合資会社
西尾市西幡豆町柿田57
☎0563-62-2005

5 長誉
丸石醸造㈱
岡崎市中町6-2-5
☎0564-23-3333

6 孝の司
合資会社柴田酒造場
岡崎市保久町字神水39
☎0564-84-2007

7 豊田正宗
豊田酒造㈱
豊田市喜多町5-2-12
☎0565-32-0110

8 菊石
浦野合資会社
豊田市四郷町下古屋48
☎0565-45-0020

9 賜冠
中垣酒造㈱
豊田市有間町下平10
☎0565-68-2522

10 四海王
福井酒造㈱
豊橋市中浜町214
☎0532-45-5227

11 公楽
合名会社伊勢屋商店
豊橋市花田町字斉藤49
☎0532-31-1175

12 蓬莱泉
関谷醸造㈱
設楽町田口字町浦22
☎0536-62-0505

さっぱりといただく
れんこんの煮和え

● 材料（4人分）

れんこん……200g
だいこん……200g
にんじん……100g
A ┌ 酢…100cc
  │ 砂糖…50g
  └ 塩…少々
昆布……少々
油揚げ……1枚

● 作り方
1 れんこんは皮をむいて薄い輪切り、だいこん、にんじんは皮をむき千切りにする。
2 昆布は水で戻し、油揚げといっしょに千切りにする。
3 鍋に昆布と油揚げ以外の具材を入れ、塩少々ふりかけて炒める。
4 Aを加え、油揚げと昆布も入れて煮詰める。

 ワンポイント
一品足りない時にお手軽にできます。

青のりの香りがアクセント
れんこんの天ぷら

● 材料（4人分）

れんこん……300g
小麦粉（天ぷら粉）……100g
冷水……100cc
青のり……少々
塩……少々

● 作り方
1 れんこんは皮をむいて輪切りにし、小麦粉（分量外）をまぶす。
2 冷水で小麦粉をざっと溶き、れんこんに衣をつけて170度に熱した油でカラッと揚げる。
3 青のりをふる。

歯ざわりを楽しむ
れんこんボール

● 材料（4人分）

れんこん……300g
塩こしょう……少々
刻みのり……適量
片栗粉……大さじ1
片栗粉（揚げ用）……適量
揚げ油……適量

● 作り方
1 れんこんは皮をむいて、半分はすりおろし、後の半分はみじん切りにする。
2 1に塩こしょうをふり、片栗粉大さじ1を混ぜる。
3 2をすくって片栗粉と刻みのりをまぶして180度の油で揚げる。

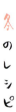
冬のレシピ

 ワンポイント
れんこんの食感を楽しむために半分はみじん切りにします。

 ワンポイント
お好きなものをつけていただきます。

フライがよく合う
れんこんの蒲焼き

● 材料（4人分）
れんこん……300g
卵……1個
コーンスターチ……大さじ1
のり……2枚（八つ切り）
揚げ油……適量
A［醤油……大さじ2
　 砂糖……大さじ2
　 みりん……大さじ1］

● 作り方
1. れんこんは皮をむいてすりおろし、ざるにあけて水気を少し切る。
2. ボウルにれんこん、卵、コーンスターチを入れ、よく混ぜ合わせる。
3. 2をのりの上に平らにのせ、中央に切れ目を入れる。
4. 油を160度に熱し、のりの方から油に入れて揚げる。

 ワンポイント
のりとれんこんの食感がたまりません。

子どもも大好き
れんこんバーグ

● 材料（4人分）
れんこん……300g
合挽き肉……100g
たまねぎ……1/2個
塩こしょう……少々
油……適量
A［ウスターソース…大さじ2
　 トマトケチャップ…大さじ2］

● 作り方
1. れんこんは皮をむいてすりおろす。
2. 合挽き肉とみじん切りたまねぎを炒め、塩こしょうをして冷ましておく。
3. 1と2を合わせてよく練り合わせ、8等分する。
4. フライパンで色よく焼く。
5. Aを合わせてひと煮立ちしたらハンバーグにからめる。

 ワンポイント
ハンバーグが大好きな子どもも喜ぶメニューです。

優しい味
れんこんの甘煮

● 材料（4人分）
れんこん……300g
しいたけ……4枚
にんじん……200g
醤油……50cc
ザラメ……70g
水……1.5カップ
みりん……大さじ1

● 作り方
1. れんこんとにんじんは皮をむいて輪切りにする。しいたけはいしづきを取る。
2. 水と調味料、れんこん、にんじんを鍋に入れる。
3. 煮汁が沸騰後、しいたけも加えて落し蓋をして弱火で30分煮る。

 **ワンポイント**
優しい甘みの煮物です。

冬のレシピ

さっぱりいただく
みず和え

● 材料
だいこん……200g
にんじん……80g
油揚げ……2枚
昆布……5cm
しいたけ……2枚
砂糖……少々
醤油……適量
酢……80ml

● 作り方
1 具材は細めの短冊切理にして、油でさっと炒める。
2 調味料を加えて炒り煮する。調味料は味をみながら加減する。

木全民子
鈴垣しのぶ

ワンポイント
「みず和え」は南知多の方言で煮和えのことです。こんにゃくやちくわを入れても美味しいです。

コロンと丸ごと
たまねぎとスズキのだしスープ
Suzuki fish bones and small onion soup

● 材料
スズキ……大1尾
たまねぎ……小6個
酒……大さじ2
好みの青菜

● Ingredients
One big Suzuki head and bones
6 Bianco di maggio onions (Italian heirloom cipolline with white, sweet flesh small onions)
A green vegetable of your choice

● 作り方
1 鍋に8カップの水を沸騰させ、スズキの頭と骨を入れて沸騰させる。
2 沸騰したら酒を入れ、弱火で1時間ほど煮込む。
3 3を濾して骨を取り除く。鍋に濾したスープを戻し、たまねぎを入れる。
4 たまねぎが柔らかくなるまで20分ほど煮込むみ、塩こしょうで味を調える。
5 好みの青菜を加える。

● Cooking Instructions
1 Fill a stock pot with approximately 8 cups of filtered water and bring to a boil. Carefully put the fish head and bones to boil.
2 Once boiled add 2 big spoons of sake. Lower the flame and cook for about an one hour.
3 Use a strainer to separate the stock form the bones. Put the stock back into the pot and add small onions.
4 Cook for another 20 minutes or until the onions are soft. Season with salt or soy sauce.
5 Add a green vegetable of your choice.

冬のレシピ

Ximena Elgueda

ワンポイント
This soup is very healthy and contains a lot of calcium.
カルシウムたっぷりのヘルシーなスープです。

栄養価高いスーパー海藻
アカモクのポン酢和え

● 材料

アカモク
ナマコ
タコの吸盤
小ねぎ
ポン酢

● 作り方

1 アカモクとナマコは食べやすい大きさに切り、小ねぎは小口切りにしておく。
2 アカモク、ナマコ、吸盤をポン酢で和えて小ねぎを盛る。

しっとりした食感
茹で落花生

● 材料

さやつき落花生……400g
水……1ℓ
塩……大さじ1

● 作り方

1 鍋に水と塩を入れて混ぜて落花生を加える。蓋はせずに火にかける。
2 落花生が浮き上がってきたら落とし蓋をする。2回ほど上下かき混ぜながら30分ほど茹でる。
3 好みの茹で具合で火を止め、蓋をして10分ほどおいてからざるにあげる。

伊藤雅啓

🍀 ワンポイント
アカモクは、カリウム、鉄分、カルシウムを多く含み、最近注目されている健康食です。

ほかほかご飯に
のりの佃煮

● 材料（4人分）

生のりまたは干しのり……2枚
水……大さじ1
砂糖……大さじ1
酒……小さじ
みりん……小さじ
醤油……小さじ2

● 作り方

1 生のりはよく洗ってしっかり塩抜きする。干しのりは適当な大きさにしておく。
2 調味料を加えて汁気が少なくなるまで煮詰める。

八木フミエ

🍀 ワンポイント
蒸らす時間を長くすると、柔らかめになります。

木全民子
鈴垣しのぶ

🍀 ワンポイント
この時期は生のりが採れるので、よく佃煮にします。

冬のレシピ

あいち食紀行 ⑮ 地野菜旬膳

旬は喜び、待つ喜びなんです。
地域に点るひとつひとつの灯を
集めてつなげるのが料理人の仕事。

▲6種類の旬の食材を使った季節野菜の酒粕煮

愛知をめぐるおかず旅の終着駅、それが一灯。碧南市の日本料理店だ。醤油絞り体験の場で出会った人に紹介されたのが南三河食文化の会。高浜市おとうふ工房の石川さんを中心に、地域の食文化を支えている人たちの集まりだ。そこで出会ったのが長田さん、一灯店主。「顔見知りのもを使いたい、ここは良質な食材の産地なんです」と話す。地野菜、魚介、畜産をはじめ、豆味噌、みりん、白醤油、日本酒などの調味料、もちろん酒蔵も…と、なんでも揃う。「ベースが全て同じ」なのは利点だが、欠点もある。安定して数が揃わないことと値段の問題。それをなんとかするのも才覚である。旬の地元の材料を合わせて味を作る。当たり前のことだが、最高に贅沢な料理店かもしれない。

小さい店ならではの心遣いを大切に、三河の食文化を活性化していく一つの灯となりたい…そんな願いを抱いて2015年の冬、「小伴天はなれ」として開業した

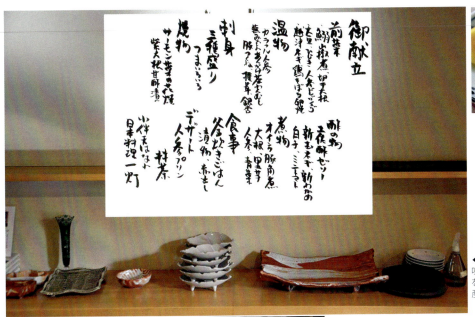

漬物にも旬があるという。旬を漬けるからおいしくいただける。のかもしれない。写真は沢庵漬(上左)紫大根の酢漬(上右)菊芋の味噌漬(右)

◀ 地野菜旬膳の「御献立」。野菜や魚介、調味料など全てベースは同じ地域、旬の材料を集めて作った料理をいただける。器も地産へのこだわりがある

▲ 額入りの「旬を彩る野菜コラム」もカウンターに置かれている

▲ 銃司さんの著書「あいちの味 海のもの里のもの〜三河四季の味〜」(北白川書房)

▲ 父親の銃司さんは「小伴天」三代目。日本料理の真空調理法実践者。料理の鉄人にも出演した

▲ 醸造業の盛んな三河・知多は調味料の産地。その一部を店でも紹介する

▶ 最幸せの人たちが作り出す最上の食材を最高な形で…店の案内パンフレットには地域の生産者の笑顔が並ぶ

おやつにもおつまみにも
さといもの フライ

●材料
さといも……適量
揚げ油……適宜
塩……適宜

●作り方
1 さといもは皮をむいて、くし切りにする。
2 180度の油でさといもをこんがり揚げる。塩をふって出来上がり。

 ワンポイント 山内優美
外はサクッと中はさといも特有のしっとり感がたまりません。

新城市の特産
八名丸の きぬかつぎ

●材料
さといも……適量
醤油……適宜
辛子……適宜
ゆず（おろし）

●作り方
1 さといもをよく洗って蒸す。
2 好みで辛子醤油でいただく。すりおろしたゆずをのせてもおいしい。

歯ざわりを楽しむ
黒豆とごぼうの 煮物

●材料（4人分）
黒豆……100g
ごぼう……100g
砂糖……100g
醤油……大さじ1
水……250cc

●作り方
1 黒豆はよく洗い、一晩水に浸けておく。
2 ごぼうは包丁の背で皮をこそげ落として厚めの輪切りにする。
3 1の水を切り、2と調味料を入れて弱火で煮る。
4 黒豆がやわらかくなったら火を止めて冷ます。

冬のレシピ

 ワンポイント 神本紀美子
良質なタンパク質を多く含む黒豆と、食物繊維豊富なごぼうの一品です。

 ワンポイント 村田映子
八名丸里芋は旧八名村（新城市）が発祥と言われ、ころんと丸いのが特徴です。

独特の甘みが広がる
いもまんじゅう

● 材料
さといも……400g
小エビ……適量
銀杏……適量
だし汁……500cc
片栗粉……大さじ2
ゆず（おろし）

● 作り方
1. さといもは蒸して皮をむき、マッシャーでつぶす。
2. 1の中に小エビ・銀杏を入れて1つずつ丸め、油で揚げる。
3. 器に盛り付け、だし汁に片栗粉を入れたとろみの汁をかける。
4. まんじゅうの上に、ゆずのすりおろしたものをのせる。

ワンポイント 村田映子
新城市の豊川流域は肥沃な大地で、古くからさといも栽培が盛んでした。

外はサクッと中はしっとり
里芋のコロッケ

● 材料
さといも……500g
コーン……1缶
コンソメ……2個（キューブ）
塩……小さじ1
こしょう……少々
生クリーム……大さじ5
片栗粉……適量
パン粉・小麦粉・卵・揚げ油……各適量

● 作り方
1. さといもは茹でてマッシャーでつぶしておく。
2. 1の中にコーンを入れて塩こしょう・コンソメを溶かしたものを加えて味を調える。
3. 2に生クリームを入れてよく混ぜてから片栗粉を少々加え、手で丸められるぐらいのかたさにする。
4. 片栗粉を手につけて3を丸める。
5. 小麦粉・卵・パン粉の順に衣をつけて油で揚げる。

ワンポイント 村田映子
八名丸はとても柔らかく、粘り気が強いのが特徴です。

具だくさん
いも煮

● 材料
さといも……600g　だし汁……1000cc
にんじん……中1本　赤味噌……大さじ4〜5
ごぼう……1/2本
こんにゃく……1/2枚　万能ねぎ・しょうが……各適量
大根……1/4本
豚肉……400g

● 作り方
1. さといも、にんじん、ごぼう、大根は皮をむいて、一口大またはいちょう切りにする。豚肉も一口大に切る。
2. こんにゃくは湯通ししてあく抜きし、他の具材と同じぐらいの大きさに切る。
3. だし汁にこんにゃく以外の具を入れて煮込み、野菜が柔らかくなったらこんにゃくも加えて赤味噌を溶かし入れる。
4. 薬味のねぎは小口切り、しょうがはすりおろして最後に盛り付ける。

ワンポイント 村田映子
八名丸は平成14年、愛知県の伝統野菜に認定されました。

小伴天はなれ
一灯‥春夏秋冬

暦の上では、立冬（11月7日ころ）から立春（2月4日ころ）の前日までの季節が冬。陰暦の10月・11月・12月にあたります。稲の収穫を終えて、田に降りていた山の神様が山に帰ると、里ではいよいよ冬支度。正月の準備も始まります。

前菜

越津ネギ

関東は「千住ねぎ」など白いところを食べる「根深ネギ」、関西は「九条ネギ」など青いところを食べる「葉ネギ」。愛知の伝統野菜「越津ネギ」はどちらも柔らかく食べられます。

すき焼きやうどんも、関東は白、関西は青、愛知は両方。分けつするのが特徴。寒い時期に甘みが増し、切ると糸を引くようなねばりがあります。

卵

常滑デイリーファームの市田さんは獣医の資格を持ち、鶏にとって心地よい環境を考え、食べるものも遺伝子組み換えでない飼料や、近隣農家さんの米をブレンドして与えています。

卵焼き

元々は砂糖を入れた甘い卵焼きが主流。醤油は白醤油・白だし。みりんも入れて…。関西風の甘くない卵焼きやオムレツ風の卵焼きも。一灯では季節の野菜を入れた卵焼きを焼いてます。

ひじき

ひじき・切り干し大根・干し椎茸・干瓢・高野豆腐など乾物には、和食の伝統の良さがあります。干すことで保存でき、栄養分も増す。煮物だけでなく、サラダに使ったり、肉のつくねに入れたり…。ヘルシーで栄養素も摂れるので色々な料理に使っています。

ひじき、白菜　人参ドレッシング
カリフラワー甘酢漬　越津ネギ玉子焼

温物

茶碗蒸し

みんなが好きな茶碗蒸し。今では家庭に蒸し器がない時代になってきました。料理教室でも、昔の施設は必ず大きな蒸し器と、茶碗蒸しの器がありましたが、新しく出来た施設にはないところも結構あります。

白醤油・白だし

茶碗蒸しの味付けは白醤油、または白だし。白醤油は200年ほど前に碧南で生まれ、白醤油専門メーカーは全国でも碧南の3社（ヤマシン醸造・日東醸造・七福醸造）だけ。原料は小麦がほとんどなので、色が薄く素材の色が生きるのが特徴。白醤油にだしの原料（かつおぶし・昆布・椎茸など）を加えて煮だして作ったのが白だし。七福醸造さんが開発しました。家庭料理には欠かせないものになってます。初めて使う人は「色がつかないので味付け具合が分かりにくい」と言われますので、「まずは控えめに」、「計量してみて」、「仕上がりが上品になるから」と地域の味を勧めてます。

蕪あんかけ茶わんむし

刺身

鮃、イカ

三河湾内は底引き網漁が多く、鮃は一色漁港などよく水揚げされます。漁港ごとに操業する海域、漁法、魚の種類などが決められています。例えば、師崎や日間賀島、篠島などは鯛やフグなどの釣り、碧南は底引き網でイワシ、蒲郡は遠州沖の底引き網で赤むつやメヒカリなど深海もの。他にも角立て漁や定置網漁など、港ごとに個性があります。昔ほど魚が獲れなくなったことから水産保護のためです。

たまり醤油

　大豆と塩で3年かけて造るたまり醤油。武豊町に5蔵集まっています。八丁味噌など豆味噌の底にたまってにじみ出たから「たまり」ともいわれます。たまりと味噌は一緒の桶で造っているように思いますが、たまり用と豆味噌用は、水の加え方・石の置き方などが違い、それぞれ専用の木桶で仕込んでいます。たまり醪（もろみ）から液体（たまり）を絞りきった後の物は、味噌ではなくたまりカスになります。通常の濃い五分（ごぶ）たまり、水を多くして仕込んだ十水（とみず）たまりがある。十水たまりの方が、濃口醤油のように使いやすい。ここでは南蔵商店さんの十水たまりを使っています。

　昔の人は濃口醤油でも「しょうゆ」とは言わず「たまり」と言っています。愛知県のスーパーなどでは、各社独自配合の「さしみたまり」という名称の濃くてうまみのあるたまりが売られています。刺身をどんな醤油で食べるのか、地域性が出るところです。

鮃、赤イカ　つまいろいろ
たまり醤油

煮物

鶏肉（かしわ）
　養鶏業が盛んで、鶏肉のことを「かしわ」と呼びます。日本一有名な「名古屋コーチン」をはじめ、「三河赤鶏」など銘柄鶏も産出しています。鶏のすき焼き「ひきずり」などの郷土料理もあります。家庭で鶏を飼っていてお客さんが来ると一羽いなくなった記憶が残っています。

味噌料理
　八丁味噌を代表とする豆味噌文化。味噌煮込みうどん、味噌カツ、豆腐田楽など…。一見コクのある豆味噌だけの文化と思われますが、豆味噌に西京味噌など他の味噌も混ぜた合わせ味噌文化でもあります。よく家庭で使われる「赤だし味噌」はだしも加えた調合味噌です。

三河赤鶏赤みそ焼
大根、蓮根、ごぼう、人参、ブロッコリー

食事

ごはん
　常滑焼のお釜で炊き立てを出します。愛知県産米「あいちのかおり」。昔から近くの米屋さんで買ってます。「今年の出来はこうだよ」「そろそろ新米に代わるよ、水加減に気を付けてね」。店の看板には「お米は生き物です。信用第一」やり取りも味のうちです。

漬物
奈良漬、守口大根漬　愛知の伝統野菜「かりもり」「守口大根」。ほとんどが漬物用の品種です。特に「守口大根」は全量漬物屋さんとの契約栽培です。扶桑町で作られていて、生のままや種が出回ることは絶対ありません。塩漬け、みりん粕漬け（酒粕漬け）など2年間以上漬け込みます。みりん粕がある、つまりみりん醸造が盛んな愛知県ならではの漬物です。

味噌汁
八丁味噌　八丁味噌はだし濃いめで味噌薄め、西京味噌はだし薄めで味噌濃いめと教わりました。味噌によって特徴があるため、同じように使おうとするとどうしても主張が強くなりがちです。まずは控えめに使ってみるのがいいみたいです。慣れてくるともっと入れたくなるのですが…。一灯では豆味噌の美味しさを知っていただくため、豆味噌汁を使っています。

釜炊きごはん、漬物・赤出し

デザート

人参
　1月24日はいい人参の日。碧南の人参をPRする日でもあります。碧南は普通の家庭でも10キロ入りの大袋を産直で購入していきます。店でも色々な人参料理を提案しています。

人参プリン

愛知の味噌蔵

 菱田産業㈱
名古屋市守山区小幡南1-12-1
創業　1831年（天保2年）
☎052-791-2382

 カクトウ醸造
知多郡武豊町里中133
創業　1919年（大正8年）
☎0569-72-0341

 すず味噌醸造場
西尾市東幡豆町御堂前61-1
創業　1950年（昭和25年）
☎0563-62-2271

 キッコーナ
名古屋市北区長喜町1-12
創業　1688年（元禄元年）
☎052-915-0261

 合名会社中定商店
知多郡武豊町小迎51
創業　1879年（明治12年）
☎0569-72-0030

 マルサンアイ㈱
岡崎市仁木町字荒下1
創業　1952年（昭和27年）
☎0564-27-3700

 中央醸造有限会社
名古屋市南区元桜田町3-15
創業　1866年（慶応2年）
☎052-811-9276

 有限会社中六
知多郡武豊町緑台5-3
創業　1920年（大正9年）
☎0569-72-1045

 日本レトルトフーズ㈱
岡崎市本宿町字南中町45
創業　1922年（大正11年）
☎0564-48-6285

 ナカモ㈱
清須市西杷島町十軒裏3
創業　1830年（天保元年）
☎052-501-6211

 ㈱丸又商店
知多郡武豊町里中15 2
創業　1829年（文政12年）
☎0569-73-0006

 成瀬味噌醤油醸造場
岡崎市福岡町字新町38
創業　1624年（寛永元年）
☎0564-51-9004

 合資会社宮崎商店
清須市清洲2641
創業　1891年（明治24年）
☎052-400-3003

 南蔵商店㈱
知多郡武豊町里中58
創業　1872年（明治5年）
☎0569-73-0046

 合資会社野田味噌商店
豊田市桝塚西町南山6
創業　1928年（昭和3年）
☎0565-21-0028

 佐藤醸造㈱
あま市七宝町安松縣2743
創業　1874年（明治7年）
☎052-444-2561

 ユタカフーズ㈱
知多郡武豊町字川脇34-1
創業　1919年（大正8年）
☎0569-72-1231

 ㈱丸加醸造場
豊田市越戸町字上能田91
創業　1927年（昭和2年）
☎0565-45-1001

 キッコウトミ㈱
半田市東天王町1-30
創業　1891年（明治24年）
☎0569-21-3345

 稲安醸造㈱
碧南市道場山町5-18
創業　1865年（慶応元年）
☎0566-41-0003

 ㈱杉浦醸造所
岡崎市在家町向前田32-1
創業　1921年（大正10年）
☎0564-43-5500

 中利㈱
半田市協和町1-31
創業　1896年（明治29年）
☎0569-21-0912

 加藤醸造場
碧南市中町5-1
創業　1950年（昭和25年）
☎0566-41-0619

 合名会社小田商店
豊橋市横須賀町元屋敷1
創業　1903年（明治36年）
☎0532-31-8529

 ㈱ヤマミ醸造
半田市港町3-106
創業　1957年（昭和32年）
☎0569-23-0703

 ㈱角兵
碧南市本郷町3-31
創業　1789年（寛政元年）
☎0566-41-0024

 杉浦味噌醤油㈱
豊橋市牟呂市場町7-12
創業　明治中期
☎0532-31-6488

野彦醸造場
知多市八幡字小根103-1
創業　江戸末期
☎0562-32-0160

日東醸造㈱
碧南市松江町6-71
創業　1938年（昭和13年）
☎0566-41-0156

 ㈱東駒屋
豊橋市二川町字新橋町22
創業　1856年（安政3年）
☎0532-41-1181

 ㈱不老味噌本店
知多郡南知多町内海字前側36
創業　1923年（大正12年）
☎0569-62-0035

 七福醸造㈱
碧南市山神町2-7
創業　1950年（昭和25年）
☎0566-92-5213

 ㈱サンビシ
豊川市篠束町若宮53
創業　1896年（明治29年）
☎0533-72-3111

 盛田㈱
常滑市小鈴谷字亀井戸21-1
創業　1665年（寛文5年）
☎0569-37-0511

 ヤマシン㈱
碧南市西山町3-36
創業　1802年（享和2年）
☎0566-41-2231

 ㈱真菱
豊川市小坂井町西浦62-2
創業　1930年（昭和5年）
☎0533-72-2161

 徳吉醸造㈱
知多郡南知多町大井字塩屋10
創業　1921年（大正10年）
☎0569-63-0310

 山杉醸造合資会社
碧南市篦田町4-1
創業　明治初期
☎0566-41-1309

 合名会社樽〆商会
蒲郡市三谷町九舗2
創業　明治末期
☎0533-68-4054

 泉万醸造㈱
知多郡武豊町里中78
創業　1921年（大正10年）
☎0569-72-0252

 中川醸造㈱
刈谷市小垣江町塩浜50
創業　1920年（大正9年）
☎0566-22-3170

 イチビキ㈱
名古屋市熱田区新尾頭1-11-6
創業　1772年（安永元年）
☎052-671-9111

 合名会社伊藤商店
知多郡武豊町里中54
創業　1820年（文政3年）
☎0569-73-0070

 ㈱はと屋
西尾市吾妻町21-1
創業　1861年（文久元年）
☎0563-56-7373

 愛知県味噌醤油会館
名古屋市中区栄1-16-7
創業　1953年（昭和28年）
☎052-221-9501

エピローグ
● 粕煮

　温暖な気候風土に加え、本州の中央に位置する交通の要所。大抵の作物が作れ、収穫すれば売れる。江戸時代からの野菜王国。話題になった調査がある。野菜の生産量はトップクラスだが摂取量はワーストワンだと。取材をするほど疑問が膨む。都市と田舎、住居と田畑の近さ。手の届くところに畑がある。総農家数の53％が自給的農家。全国平均は38％だ。作って食べる、まさに地産地消である。温暖で豊かな場所は居心地がいい。縄文から変わらぬ人の願いである。「ここから出たことがない」人もたくさんいた。天の時・地の利・人の和（孟子『公孫丑章句上』）どれもが揃っている。多様な個性を生かしながら一つの味に…粕煮は愛知県のようである。

あいち食紀行 ⑯ Special Thanks

「故郷が好き」がつながりの原点。

尾張・知多・渥美半島・三河そして奥三河…生まれ育った人・居着いた人も、みな異口同音、口にした言葉がある。「ここが好き、どこに行きたいとも思いません」。多様な自然に恵まれた豊かな風土は縄文の時代から人が求める故郷の風景。その気持ちこそ人と人がつながる原点なのかもしれない。

あいち食紀行 17 藤竹飯

人参とかしわと椎茸と蒟蒻と…
弁天様の祭りで振舞われる藤竹飯
みんな大盛り３、４杯食べますよ。

▲山口義博さんと幸江さん。ここで藤竹飯の話を聞いた

▲具をご飯と混ぜ合わせてからお櫃に入れる

▶鮮紅五寸人参が主の具は三升釜で10杯も炊き上げる

　弁天様の祭りの日、山口幸江さんと春光院へ。大高菜の畑でお会いした山口義博さんの夫人である。文政13年に建てられたという本堂の中は檀家の人たちで溢れていた。住職の読経が済むと庫裏で振舞われるのが藤竹飯。人参を主にした五目飯だ。多めの人参を油で炒め、かしわを加えて炒め上がったら椎茸・竹輪・蒟蒻・揚げを入れ、醤油で味付けする。具の煮汁に水を加えて炊いた米に具を混ぜれば出来上がり。地元では集まりがあれば食べる料理だ。江戸時代、大高に住む通称「とうたけ」さんが好んで食べたのが名の起こり。藤竹さんの末裔という夫人ともお会いした。人参の甘みがいい。藤竹飯は郷土の味として残っている。

▶藤竹さんの末裔・下村美千代さん

◀昭和7年に建てられた切妻造・桟瓦葺き２階建ての庫裏で藤竹飯が振舞われる。お櫃がどんどん空になっていく

名古屋・尾張

名古屋市
人口●約2,303,100人

Nagoya-City
市の木●クスノキ　市の花●ユリ

都心で朝市村‥生産地との距離の近さ

名古屋城（名古屋観光コンベンションビューロー）

たまねぎ　かぼちゃ

ほうれんそう

ブロッコリー

風土●関ヶ原の戦いで天下を取った徳川家康が交通の利便性が高い那古野台地に築城し始めたのは慶長15年、清洲士民が移り住んで市街地ができた。以来、徳川御三家筆頭の城下として尾張藩の中心となり、江戸・大坂・京に次いで発展した。緩やかな東高西低の地勢。庄内川、天白川が伊勢湾に注ぐ。築城の際に開削された堀川が台地の縁に沿う。東部の丘陵地は宅地化が進むが、公園・緑地が散在する。中央部の台地は古くから商業地・住宅地として栄えてきた。北・西・南部の沖積地は庄内川流域に畑や水田が多く残っているが、名古屋港付近は工業地帯である。

歳事●きねこさ祭（中村区七所社1月）天王祭（東区筒井町・出来町6月）

特産●金虎（金虎酒造）曲水宴（双葉酒造）東龍（東春酒造）神の井（神の井酒造）鷹の夢（山盛酒造）醸し人九平次（萬乗醸造）八束穂（八束穂酒造）

一宮市
人口●約386,100人

Ichinomiya-City
市の木●ハナミズキ　市の花●キキョウ

市名の由来は尾張一の宮・真清田神社

尾張一宮真清田神社の山門（真清田神社HP）

ねぎ

なす

トマト

きゅうり

風土●濃尾平野の中央に位置し、古くから真清田神社の門前町として尾張北西部の経済の中心として栄えた。真清田神社が平安時代に尾張の国の一の宮だったことが市名の由来。織物の歴史は古く、江戸時代には縞木綿や絹織物の生産地として、明治以降は工業化された毛織物工業の中心地として発展した。大正10年に市制を施行。平成17年、一宮市・尾西市・木曽川町が合併して誕生した。総合繊維産業都市として全国に知られる。豊かな土壌に恵まれ、野菜や園芸、稲作が盛ん。珈琲店のモーニングサービスの発祥地といわれている。

歳事●桃花祭（真清田神社4月）石刀祭（石刀神社4月）臼台祭（観音寺・八劔社8月）芝馬祭（白山神社9月）

特産●石刀（金銀花酒造）尾張なす　切り干し大根　鶏卵

尾張

瀬戸市
人口◉約130,300人

Seto-City
市の木◉クロガネモチ　市の花◉ツバキ

瀬戸物の産地、土と炎の陶磁器の街

ゆるり秋の窯めぐり・赤津窯の里（瀬戸市観光協会）

たけのこ　たらの芽　自然薯　れんこん

風土◉木曽山脈に連なる山地や尾張丘陵地が、北部から東部・南部にかけて市街地を囲んでいる。山地・丘陵地に水源を持つ水野川や矢田川支流の瀬戸川河岸に中心市街地がある。丘陵地には粘土・珪砂が多く埋蔵されている。また市域の約6割を占める森林は陶器を焼く薪として活用されている。焼き物作りが始まったのは10世紀頃からである。鎌倉時代に加藤四郎左衛門景正（藤四郎）が陶器の製造を始める。江戸時代には尾張藩の直轄領となり、藩の独占産業となった。磁器の製造が始まったのは18世紀後半。昭和4年、県で5番目の市として瀬戸市が誕生した。

歳事◉尾張えびす（宝生寺1月）陶祖祭（陶彦神社4月）せともの祭（市街地9月）

特産◉瀬戸焼　おこしもの　ごも飯（五目ご飯）　うなぎ

春日井市
人口◉約311,300人

Kasugai-City
市の木◉ケヤキ　市の花◉サクラ

実大にして味よし‥西尾村一帯は桃の産地

庭園が美しい内々神社（愛知県観光協会AichiNow）

もも　ぶどう　いちじく　なし

風土◉尾張丘陵から濃尾平野に広がる市域の南側を庄内川が流れる。江戸時代初期、入鹿池と新木津用水の完成によって春日井原新田が開墾された。二子山・高御堂など多くの古墳が残る。古代末期から中世にかけては荘園が置かれ、江戸時代になると北部は犬山藩、南部は尾張藩に属した。近世には大池や落合池の築造、新木津用水・高貝用水の開削など治水事業が行われた。西尾村一帯は桃の産地で「暮春の頃は山間谷々には咲き乱れて見事なり。実大にして味よし、名古屋に売る」と『尾張志』に記されている。昭和18年、勝川町・鳥居松村・篠木村・鷹来村が合併して軍需産業都市になったが、終戦後は農業を奨励したり、工場の誘致を図った。

歳事◉ハニワまつり（二子山公園他10月）春日井まつり（市役所他10月）

特産◉サボテン

犬山市

人口●約74,200人

Inuyama-City
市の木●カナメモチ　市の花●サクラ

国宝犬山城を中心に城下町の面影が今も残る

ユネスコ無形文化遺産に登録された犬山祭（犬山市観光協会）

 もも
 くり
 みかん
 かき

風土●県の最北端に位置し、北と東は木曽川を隔てて岐阜県と隣接する。西部は市街地・農地・工業地として利用され、名勝である木曽川一帯では1300年間伝わる鵜飼も行われる。東部の丘陵地は緑豊かな里山が広がり、国天然記念物のヒトツバタゴ自生地や入鹿池がある。古代から小集落が発展し、東之宮古墳や青塚古墳などの古墳が残されている。戦国時代には織田氏、江戸時代には尾張藩付家老の成瀬氏の城下町として発展、犬山城とともに当時の町割りが現在も見られる。昭和29年、犬山町・城東村・羽黒村・楽田村・池野村が合併し、犬山市が誕生した。

歳事●犬山祭（針綱神社４月）大縣神社豊年祭（大縣神社３月）石上げ祭（尾張富士８月）

特産●東洋自慢（東洋自慢酒造）小弓鶴（小弓鶴酒造）忍冬酒（小島醸造）

江南市

人口●約100,900人

Konan-City
市の木●クロガネモチ　市の花●フジ

江戸中期から養蚕の伝統は絹織物の産地に

江南花卉園芸公園・フラワーパーク江南（江南市魅力再発見HP）

越津ねぎ　はくさい　だいこん　なばな

風土●市街地は木曽川左岸の肥沃な扇状地。名古屋市のベッドタウンとして都市化が進み、尾張北部の主要都市となっている。先土器時代から人が住み、古墳時代には二子山古墳や富士塚古墳などが造られた。戦国時代には織田信長の室だった吉乃の方の本拠となる。17世紀、家康の命で築かれた御囲堤により洪水の危険がなくなると、新田や宮田用水が開発され、肥沃な土地を活用した農業が発達した。江戸中期から始まった養蚕は明治になって盛んになり、絹・人絹織物産地へと発展した。昭和29年、古知野町・布袋町・宮田町・草井村が合併誕生した。

歳事●北野天神社筆まつり（１月）五条川桜まつり（４月）江南藤まつり（曼陀羅公園４～５月）あじさい祭り（琴聲山音楽寺６月）

特産●星盛（山星酒造）楽の世（丸井合名会社）勲碧（勲碧酒造）

尾張

小牧市
人口◉約153,300人

Komaki-City

市の木◉タブノキ　市の花◉ツツジ

小牧山は歴史の地、名古屋コーチン発祥地

市のシンボル小牧山（小牧市観光協会HP）

 こめ
 もも
 ぶどう
 はくさい

風土●昭和30年、小牧町・味岡村・篠岡村の3町村が合併して誕生した。昭和34年の伊勢湾台風による復興を機に、農業から工場・大型団地へ転換を図った。名古屋空港、名神高速道路・東名高速道路・中央自動車道の結節点という立地条件にも恵まれ、「小牧菜どころ米どころ」といわれたかつての田園都市から内陸工業都市へと変貌、中部の中核都市へと発展した。小牧山城は30歳の織田信長が清須城から移った居城。豊臣秀吉が徳川家康と攻防戦を展開（小牧・長久手の合戦）した歴史の地。昭和2年に国の史跡指定を受けた。名古屋コーチン発祥の地でもある。

歳事●田縣神社の豊年祭（田縣神社3月）五本棒オマント祭（小牧明神社10月）秋葉三尺坊総本殿大祭（福厳寺12月）

特産●名古屋コーチン　えび芋

稲沢市
人口◉約137,700人

Inazawa-City

市の木◉クロマツ　市の花◉キク

銀杏の森の中に祖父江の町がある

黄金色に染まる晩秋の祖父江町（愛知県観光協会AichiNow）

 ぎんなん
 ほうれん草
 ねぎ
こめ

風土●平成17年、稲沢市・祖父江町・平和町、が合併、誕生した。尾張国の政治・文化の中心地として国府が置かれていた。江戸時代には東海道と中山道を結ぶ美濃路の宿場町として賑わった。かつての隆盛を今に伝える史跡や文化財が数多く残っている。市域の西に接する木曽川によって堆積された肥沃な土壌と温和な気候を生かし、古くから野菜、植木・苗木等の産地として発展した。祖父江町内には約１万本の銀杏の木があり、樹齢100年を超える大木も多い。冬の季節風・伊吹おろしの防風林として神社仏閣や屋敷のまわりに植えられたもので「屋敷銀杏」と呼ばれる。

歳事●儺追神事《はだか祭》（国府宮神社2月）梅酒盛神事《馬まつり》（国府宮神社5月）御田植祭（国府宮神社6月）

特産●なおい（藤市酒造）祖父江ぎんなん

尾張旭市

人口●約83,000人

Owariasahi-City
市の木●クスノキ 市の花●ヒマワリ

緑多い尾張丘陵と工業・住宅都市

スカイワードあさひ展望室から市街地の眺望（尾張旭市HP）

いちじく　すいか　いちご　はくさい

風土●北部の尾張丘陵は市域の15％を占める森林公園など緑地帯が多く、溜め池も点在している。市内を東西に流れる矢田川の北側は開析してできた肥沃な沖積平野で農地と市街地が広がり、南側は宅地になっている。南岸の長坂遺跡は弥生後期と奈良時代の生活跡、市内最古の白山第一号古墳は豪族の住居跡、古代の農村計画として知られる条里制の遺構も残っている。中世は小牧長久手の戦いの舞台になった。近世になると溜め池をつくって新田開発が進められた。明治時代には養蚕業が盛んになり、瀬戸村の陶磁器産業に労働力を提供した。昭和45年、東春日井郡旭町が市制を施行、誕生した。

歳事●祈年祭（澁川神社3月）馬の塔・おまんと（多度神社10月）

特産●蓮根焼酎「だで」

岩倉市

人口●約48,000人

Iwakura-City
市の木●クスノキ 市の花●ツツジ

花筏の五条川で「のんぼり洗い」は風物詩

五条川を彩る1400本の桜並木（岩倉市HP）

こめ　ねぎ　はくさい　ほうれんそう

風土●木曽川によって形成された犬山扇状地の扇端に位置する。自然堤防上に発達した集落で、縄文・弥生の遺跡が点在する。北部から弧を描いて南西へと五条川が流れる。県内で一番小さな市である。鎌倉・室町時代は荘園として発展、戦国時代には岩倉城が織田伊勢守の居城となり、尾張北部の中心となった。明治・大正時代には養蚕・養鶏が地域経済を支えた。名古屋コーチンは特産物。伝統産業では鯉のぼりを作る旗屋が残っている。五条川で行われる鯉のぼりの寒ざらし「のんぼり洗い」は冬から春にかけての風物詩だ。名古屋市のベッドタウンでもある。

歳事●のんぼり洗い（五条川1～3月）岩倉桜まつり（五条川4月）いわくら夏まつり（市内8月）市民ふれ愛まつり（市内11月）

特産●ちっちゃい菜（ミニ白菜）　地鶏（名古屋コーチン）

尾張

豊明市

人口●約68,800人

Toyoake-City
市の木●ケヤキ　市の花●ヒマワリ

桶狭間古戦場の地は名古屋都市圏の住宅都市

周辺は水辺公園として整備されている勅使池（豊明市HP）

風土●北部の台地から南部の境川へとゆるやかに傾斜して平野部を形成。市域の北部と境川流域は田園地帯、南部に住宅が広がる。都市圏のベッドタウン。織田信長3千の兵が今川義元2万5千の大軍を奇襲で破った戦いで知られる桶狭間古戦場の地。二村山（72m）には鎌倉街道などの史跡が残されている。戦国武将の霊を慰める「桶狭間古戦場まつり」、櫓の上で獅子を舞う「大脇の梯子獅子」、「上高根の棒の手」と火縄銃の音が轟く「警固まつり」など市の風物詩になっている。明治22年、豊明村として誕生した。豊倉屋（酒造業）と明治からできた地名である。

歳事●高徳院きゅうり祭（7月）上高根警固祭り（住吉神社10月）大脇の梯子獅子（大脇神明社10月）大根炊き大祭（曹源寺11月）

特産●黒大豆羊羹　プチヴェール（芽キャベツとケールを交配した葉菜）

こむぎ　だいず　はくさい　アユ

日進市

人口●約89,200人

Nisshin-City
市の木●キンモクセイ　市の花●アジサイ

奈良・平安の窯業生産地は田園学園都市

岩崎城址公園（日進市HP）

風土●尾張と三河の境、北部から東部にかけての丘陵地に位置する。市域のほぼ中央部を天白川が東西に流れ、流域には田園風景が広がる。奈良・平安時代に屈指の窯業生産地であった猿投山（さなげやま）西南麓古窯跡群の主要部に位置するといわれ、市域内で約160基の古窯跡が確認されている。戦国時代には小牧・長久手の合戦の緒戦となった岩崎城の戦いの地として歴史に記される。明治22年、14カ村が統廃合され香久山・白山・岩崎の3村が誕生した。その後に3村が合併して日進村となり、現在の市域が形成された。7つの大学などがある田園学園都市でもある。

歳事●岩崎城春まつり（岩崎城址公園4月）岩崎川桜まつり（4月）にっしん夢まつり（市役所周辺9月）市民まつり（市役所周辺11月）

特産●プチヴェール（芽キャベツとケールを交配した葉菜）

こめ

さといも

かき

ぶどう

清須市

人口●約68,200人

Kiyosu-City

市の木●ハナミズキ　市の花●サクラ・チューリップ

伝統野菜・宮重大根の栽培は江戸初期から

清洲城桜祭り(愛知県観光協会AichiNow)

こめ　ほうれんそう　ねぎ　キャベツ

風土●尾張平野のほぼ中央に位置する。庄内川の下流域にあり、地形は比較的平坦である。庄内川のほかには新川・五条川などの河川が流れている。朝日貝塚や竹村貝塚など弥生時代まで遡る。室町時代初期に築かれた清洲城に織田信長が入城したのは弘治元年。慶長年間には城下町一帯が「関東の巨鎮」と称される文化の中心地として栄えた。江戸時代初期より宮重大根の栽培が始まった。庄内川の氾濫により幾度となく水害にあっていた当地において、多くの農民や地元の役人たちの尊い汗と犠牲により天明7年(1787年)に新川が竣工された。

歳事●尾張西枇杷島まつり(美濃路沿道6月)織田信長公顕彰祭(清洲古城跡公園6月)

特産●鬼ころし(清洲桜醸造)宮重大根　土田南瓜

北名古屋市

人口●約85,200人

Kitanagoya-City

市の木●モクセイ　市の花●ツツジ

名古屋市のベッドタウン、都市近郊農業の街

五条川の桜並木(北名古屋市HP)

いちじく　こめ　ねぎ　ほうれんそう

風土●濃尾平野の海抜5m前後の平坦地で、北部の境界に沿って五条川、東から西南にかけての境界を大山川・新川が流れている。年間を通じて温暖で、木曽川・庄内川などの沖積地に発達した肥沃な土地を利用して古くから農業が発展した。大正元年に名鉄犬山線が開通、昭和30年代後半からは名古屋都市圏の拡大とともに急速に人口が増加、全域が都心部から10km圏内に位置することもあって市街地化が進んだ。名古屋市のベッドタウンと旧来からの都市近郊農業地としての性格を併せ持ちながら発展を続ける。

歳事●合瀬川桜まつり(コッツ山公園4月)平和夏祭り(市文化勤労会館・文化の森周辺8月)

特産●いちじく

尾張

長久手市
人口●約56,600人

Nagakute-City
市の木●カエデ　市の花●サツキ

市街化された都市と自然豊かな田園と‥

モリコロパーク・あいちサトラボ（愛・地球博記念公園HP）

はくさい

さといも

にんじん

ほうれんそう

風土●名古屋東部丘陵地域に位置する。南東部の丘陵地には愛知万博を記念した愛・地球博モリコロパークや大学・研究機関がある。北東部の平坦地には市街地が広がる。丘陵地の縁には里山や田んぼなど田園風景が広がる。丘陵部と都市部を結ぶように磁気浮上式鉄道リニモ（リニアモーターカー）が走っている。並行して香流川が西流する。天正12年、徳川・豊臣氏が相見えた激戦地（小牧・長久手の合戦）として知られている。名古屋に隣接した市西部は住宅地や商業施設などが多く、都市化が進んでいる。市街化された都市の顔と自然豊かな田園の顔を併せ持つ。
歳事●古戦場桜まつり（古戦場公園4月）ながくて納涼まつり（8月）警固まつり（市内3地区10月）
特産●長久手（山崎合資会社）

東郷町　愛知郡
人口●約43,200人

Togo-Town
町の木●モッコク　町の花●アヤメ

愛知用水の水瓶‥水と緑とボートの街

20市町の田畑や中京工業地帯に給水する愛知池（水資源機構）

なす

トマト

きゅうり

ピーマン

風土●尾張と三河の接点に位置する、18.03km²の小さな町である。東端に愛知池がある。正式名称は東郷調整池。東郷ダムの人造湖で、尾張地方や知多半島に水を供給する愛知用水の水を貯水している。用水の幹線が市街の中央を横断する。貯水された水は名古屋市を始め20市町1万5千haの農地や中京工業地帯に供給されている。愛知県の主要なボート競技施設としても利用される。名古屋市と豊田市の間にあることから市街化が進む。樹林地や農地は減少したが、市街地の周辺には水辺と緑の自然環境が残されている。明治39年、諸和村・春木村が合併、東郷村が誕生した。
歳事●秋季大祭（富士浅間神社7月）新嘗祭芋煮会（富士浅間神社11月）
特産●味噌だれ（高砂カレーム）ローゼルタルト（Cafe Goju）東郷チーズ（マザーハーツ）

豊山町　西春日井郡

人口◉約15,500人

Toyoyama-Town

町の木◉シイ　町の花◉サザンカ

町域の三分の一が県営名古屋空港

名古屋空港（Panoramio）

こめ　ねぎ　ペコロス　はくさい

風土◉濃尾平野の中央に位置する。面積は6.18㎢。県内で最小、西春日井郡で唯一の自治体である。明治39年、豊場村と青山村が合併し、豊山村が誕生した。第二次世界大戦末に陸軍小牧飛行場が完成、昭和32年に名古屋空港となった。町域の三分の一近くを飛行場が占める。平成17年の中部国際空港の開港に伴い、名古屋空港は県営名古屋空港として再スタート、コミューター航空や国際ビジネスジェットを扱う拠点として機能している。開拓の祖・物部氏の墓と思われる古墳には富士社が祀られている。小牧・長久手の戦いでは、豊臣の武将森長可が砦を築いたといわれている。

歳事◉柿田川みどりまつり（春と秋）　清水町湧水まつり

特産◉ペコロス（小型の玉ねぎ）

大口町　丹羽郡

人口◉約23,700人

Oguchi-Town

町の木◉モクセイ　町の花◉サクラ

五条川と合瀬川（木津用水）流域の田園地帯

五条川の桜並木（大口町HP）

こめ　かりもり　いちじく　おおむぎ

風土◉木曽川の扇状地に位置し、北から南にかけて緩やかに傾斜している。中央部を五条川が南流、肥沃な田園地帯が広がる。稲作を中心にした農業や養蚕が盛んだったが、二次世界大戦後は工業誘致が行われた。室町時代に織田遠江守広近によって築城された小口城は永禄年間に信長の軍勢に攻められて廃城となったが、小牧長久手の戦で豊臣方の前線基地として復興された。江戸時代には尾張藩の所領となり新田政策で入鹿・木津・新木津の用水が構築された。明治39年に太田村・小口村・富成村が合併、大口村が誕生、昭和37年町政施行で町になった。

歳事◉金助桜まつり（堀尾跡公園4月）れんげまつり（大口町伝右周辺の田んぼ4月）

特産◉麦茶　麦茶ジェラード　さくらあられ　ポインセチア

尾張・海部

扶桑町　丹羽郡
人口◉約34,700人

Fuso-Town
町の木◉カシ　町の花◉ヒマワリ

「桑で扶養される」町名は養蚕全盛期の置き土産

長さ1m余にもなる守口大根の畑（壽俵屋HP）

こめ　だいこん　さといも　はくさい

風土◉濃尾平野の北部、木曽川の南岸に位置する。岐阜県に接している。町域は平坦で田んぼや畑地の中に住宅地が点在する田園地帯である。木曽川河川敷には緑環境の骨格・木曽川扶桑緑地公園がある。まとまった緑地としては尾張広域緑道、柏森東山緑地や公園、社寺林が田園風景に点在する。木曽川をはじめ合瀬川、青木川など多くの農業用水路が田畑を潤している。般若用水元杁（はんにゃようすいもといり）跡の般若杁は尾張最古の元杁である。先人の知恵の遺産である。明治39年、高雄村・山名村・豊国村・柏森村が合併して扶桑村が誕生する。養蚕が主産業で桑畑が多く、生糸の集散地として発展した。「桑で扶養される」のが町名の由来とか。

歳事◉おんからみ（虫送り神事＝小渕字本郷7月）町民まつり（10月）

特産◉守口大根（漬物）　牛蒡の味噌漬け

津島市
人口◉約63,500人

Tsushima-City
市の木◉クロマツ　市の花◉フジ

津島神社門前町、伊勢と尾張をつなぐ湊町

ユニセフ世界文化遺産に登録された尾張津島天王祭朝祭

いちご　れんこん　ねぎ　水耕レタス

風土◉濃尾平野西部に位置し、平坦な市域の中央を日光川が南流する。牛頭天王信仰の総本社・津島神社の門前町として、海運時代は伊勢と尾張をつなぐ湊町として繁栄した。織田家三代はじめ、豊臣秀吉・徳川家から庇護を受けた。地元では神社を「天王さん」と呼び親しまれる。500年以上も受け継がれてきた尾張津島天王祭。宵祭は幻想的な時代絵巻。朝祭は信長も天王橋から見物したという記録も残る。桶狭間の戦いの2年前のことである。本町市街は、自然堤防上に造られた本町通りを中心に形成された。古い町並みや神社仏閣が多く、歴史的な風情が、今も漂う。

歳事◉藤まつり（天王川公園4月）天王祭（宵祭・朝祭＝津島神社・天王川公園7月）秋まつり（津島神社・市内各所10月）開扉祭（津島神社2月）

特産◉津島土産あかだ・くつわ（米粉の揚菓子）　蓮根の砂糖漬け

愛西市

人口◉約63,900人

Aisai-City

市の木●マキ　市の花●ハス

肥沃な湿田地帯を生かした蓮根栽培

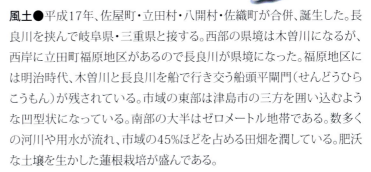

収穫間近の蓮田。遠くに九度山が見える

れんこん　いちご　トマト　なす

風土●平成17年、佐屋町・立田村・八開村・佐織町が合併、誕生した。長良川を挟んで岐阜県・三重県と接する。西部の県境は木曽川になるが、西岸に立田町福原地区があるので長良川が県境になった。福原地区には明治時代、木曽川と長良川を船で行き交う船頭平閘門（せんどうひらこうもん）が残されている。市域の東部は津島市の三方を囲い込むような凹型状になっている。南部の大半はゼロメートル地帯である。数多くの河川や用水が流れ、市域の45％ほどを占める田畑を潤している。肥沃な土壌を生かした蓮根栽培が盛んである。

歳事●管の粥神事（日置八幡宮1月）定納元服・オビシャ（白山神社2月）オコワ祭り（勝幡神社3月）津島天王祭（天王川公園7月）

特産品●蓮根（備中・ロータスホワイト・金澄）　蓮根の砂糖漬

弥富市

人口◉約44,400人

Yatomi-City

市の木◉サクラ　市の花◉キンギョソウ

「輪中（わじゅう）」「杁（いり）」は暮らしを水から守る知恵

鍋田干拓を築き上げたは先人の偉業を物語る八穂地蔵

こめ　だいず　トマト　はくさい

風土●濃尾平野の低湿地帯。木曽川下流の水郷地帯を干拓した。古代は市域の大半が海中。平安末期に藤原氏が開墾して荘園にした。市江地区は室町時代に市江島として開発、輪中が形成された。荘園制が崩壊すると村人による開墾が進む。杁と呼ぶ取水の技術が広まる。堤防で囲った田畑が増え、新田開発が発展した。水から暮らしを守る戦いが知恵を生む。本格的な干拓は江戸時代に入ってから。家康の命で御囲堤が設けられると大規模な新田開発が始まる。江戸後期から漁業や海苔の養殖が始まった。金魚の養殖もこの頃から。北部・南東部は水田地帯、都市部から農村部、海岸部までを持つ豊かな地域を形成している。

歳事●やとみ春まつり（文化広場4月）秋の例大祭（弥富神社10月）

特産●弥富金魚　弥富の早場米　水耕葉菜（三ツ葉・サラダ菜・レタス）

海部

あま市
人口●約88,500人

Ama-City
市の木●ハナミズキ　市の花●ゆり

萱津神社は日本唯一の漬物の神社

萱津神社の漬物神事・香の物祭（愛知県観光協会AichiNow）

みずな　ほうれんそう　こまつな　ねぎ

風土●ほぼ全域が海抜ゼロメートル地帯である。市域を庄内川・新川・五条川・福田川・蟹江川が南流し、伊勢湾に注ぐ。濃尾平野に位置し、近郊農業を中心に田園都市として発展してきたが、名古屋駅まで約15分ということもあって近年は名古屋市のベッドタウンとして発展している。田園風景と住宅地との調和がとれた緑豊かなまちを形成。市内から弥生時代中期の遺跡も発掘されている。市内には寺社や史跡が散在する。萱津神社は日本唯一の漬物の神社で境内には香の物殿がある。祭神は鹿屋野比売神。平成22年、七宝町・美和町・甚目寺が合併、誕生した。

歳事●節分会（甚目寺観音2月）二十五菩薩来迎会（蜂須賀蓮華寺4月）香の物祭（萱津神社8月）

特産●方領大根（伝統野菜）七宝味噌・醤油（佐藤醸造）

大治町　海部郡
人口●約32,000人

Oharu-Town
町の木●センダン　町の花●サツキ

かつての純農村、庄内川流域で赤紫蘇栽培

庄内川河川敷の赤紫蘇畑（愛知仕事楽座）

こめ　あかしそ　ほうれんそう　こまつな

風土●東部は庄内川を境に名古屋市中村区と接し、西部は福田川を境にあま市と接している。町域を東北から南に新川が流れ、南北に名古屋第二環状自動車道が縦断する。名古屋駅まで約5kmという立地から名古屋市のベッドタウンとして宅地開発やインフラ整備が続いている。かつての純農村は露地野菜を中心にした都市近郊型農業を進める。明治22年に12か村が合併して誕生した。昭和50年、町制を施行した。馬島にある天台宗の明眼院は日本最古の眼科治療院。千年以上前に創建され、室町時代に清眼法師が眼の治療をしたと伝わる。

歳事●コミュニュティー盆踊り大会（各小学校区7月8月）ふれあいフェスティバル（総合福祉センター11月）

特産●赤紫蘇

蟹江町　海部郡

人口◉約37,800人

Kanie-Town

町の木◉キンモクセイ　町の花◉ハナショウブ

町域の五分の一が河川、水郷地帯

400年の歴史を持つ須成祭朝祭(愛知県観光協会AichiNow)

こめ

いちじく

だいこん

はくさい

風土●全域が海抜ゼロメートル地帯、蟹江川・日光川など河川が町域の五分の一を占める。蟹江郷(富吉荘)の地名が文献に登場するのは鎌倉時代中頃である。海辺に柳が茂り、多くの蟹が生息していたと伝えられる。戦国時代は伊勢湾の海上交通路の要塞地に、江戸時代には蟹江川と日光川の河口に百石舟が寄港できる蟹江港が造られた。経済活動の中心地であり、漁業基地としても利用された。明治22年、本町村・新町村・今村・西福田村が合併、蟹江町が誕生した。天平五年に創建された冨吉建速神社・八劔社本殿は織田信長が造営した。

歳事●須成祭(冨吉建速神社・八劔社の祭礼8月)蟹江祭(蟹江神明神社9月)

特産●清酒四天王・味醂(甘強酒造)　酔泉(山田酒造)

飛島村　海部郡

人口◉約4,600人

Tobishima-Village

村の木◉サクラ　村の花◉キク

町域は江戸時代以降の新田開発

いちめん黄金の田んぼの隣に住宅地がある

こめ

むぎ　ほうれんそう

こい

風土●濃尾平野の低平坦部。町域の大半が江戸時代以降の干拓で開墾された新田である。北部は農村地帯、南部は臨海工業地帯で、昔ながらの田園風景と名古屋港を中心とした貿易の拠点としての機能が共存している。元禄年間に大宝新田、寛永年間に飛島新田、明治時代に政成新田がそれぞれ開拓された。特に飛島新田の開発は大規模で困難をきわめたが、尾張藩主の命を受けて開墾を手がけたのは熱田奉行兼船奉行の津金文左衛門だった。飛島村開拓の恩人として元松神明社に銅像が立つ。明治22年、飛島新田・政成新田・服岡新田が合併、誕生した。

歳事●夏祭り(南部運動場8月)ふるさとフェスタ(中央公民館ホール11月)元松神社例祭(元松神社10月)

特産●金魚　水耕葉菜(三つ葉・サラダ菜・レタス)

知多

半田市
人口◉約119,000人 Handa-City
市の木●クロマツ　市の花●サツキ

酒粕を使った酢の醸造は江戸時代から

半田市 新美南吉の故郷岩滑地区（はんの木HP）

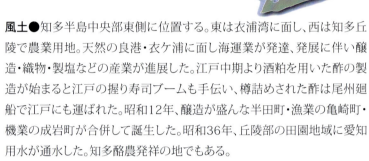

風土●知多半島中央部東側に位置する。東は衣浦湾に面し、西は知多丘陵で農業用地。天然の良港・衣ケ浦に面し海運業が発達、発展に伴い醸造・織物・製塩などの産業が進展した。江戸中期より酒粕を用いた酢の製造が始まると江戸の握り寿司ブームも手伝い、樽詰めされた酢は尾州廻船で江戸にも運ばれた。昭和12年、醸造が盛んな半田町・漁業の亀崎町・機業の成岩町が合併して誕生した。昭和36年、丘陵部の田園地域に愛知用水が通水した。知多酪農発祥の地でもある。

歳事●乙川祭り（入水上神社3月）祭礼（各地区神社4月）亀崎潮干祭＝ユネスコ無形世界遺産（5月）はんだ山車まつり（市内10地区31両の山車が5年毎に集結2017年10月）

特産●國盛（中埜酒造）金鯱（盛田金しゃち酒造）三ツ判山吹（ミツカン）

 こめ　 キャベツ　 ほうれんそう　 知多牛

常滑市
人口◉約58,600人 Tokoname-City
市の木●クロマツ　市の花●サザンカ

古常滑の町は野菜や魚介の生産地

常滑焼は日本六古窯の中で最も古く最大規模

風土●知多半島中央部西側に位置する。平安時代末期の古常滑の産地である。窯業は現在も主産業で、そのほかには繊維・工業・機械金属工業・醸造業などがある。愛知用水の完成で農業は大規模な耕地整備が進められ、近郊農業地帯になった。伊勢湾での漁業も盛んで、海苔養殖の他に底曳・採貝・刺し網が行われている。戦国から江戸にかけての輸送は廻船の時代、大野町には廻船総庄屋であった中村権右衛門の存在が知られている。昭和29年、常滑・鬼崎・西浦・大野4町および三和村が合併、誕生した。伊勢湾の海上埋め立て地に中部国際空港セントレアがある。

歳事●前山八百姫まつり（前山諏訪神社4月）春の山車まつり（各地区3～4月）常滑焼まつり（10月）

特産●白老（澤田酒造）ねのひ（盛田）

 こめ　 キャベツ　 スイートコーン　 いちじく

東海市

人口●約114,200人

Tokai-City
市の木●クスノキ　市の花●サツキ・洋ラン

ふき栽培は日本一、近郊農業と鉄鋼の町

埋め立て地に広がるいちめんの玉ねぎ畑

 ふき　 たまねぎ　 ばれいしょ　 とうがん

風土●知多半島の西北端に位置する。昭和44年、上野町と横須賀町が合併、誕生した。古くは典型的な漁村で江戸時代には海苔の養殖、海老せんべいを尾張藩に献上していた。農耕には不向きだった丘陵地の西部は愛知用水の開通で一大農産地に転換した。フキ栽培は生産量全国一、洋ラン栽培と共に都市近郊農業を確立した。昔ながらの里山風景も残っている。森林やみかん畑が多かった東部の丘陵地は森林を開拓し団地や畑地になった。漁業に終止符を打った海岸部の埋め立ては愛知用水の整備で中部圏最大の鉄鋼基地となった。

歳事●猩々メッタ(船津神社9月)尾張横須賀まつり(愛宕神社9月)太田まつり(大宮神社10月)

特産品●味噌・醤油(イチビキ)ふき　洋ラン

大府市

人口●約91,400人

Obu-Town
市の木●クロガネモチ　市の花●クチナシ

近郊農業と自動車産業が盛んな工業都市

にんじんの収穫が済んだ丘陵地の畑。のどかな田園風景

 やまいも　 ぶどう　 なし　 たまねぎ

風土●知多半島北端に位置する。市域はなだらかな丘陵で、境川と鞍流瀬川が沖積平野を形成する。阿久比町とともに海に面していない。明治39年、大府・吉田・共和・北崎・横根・長草・森岡(一部)が合併し、誕生した。平野の大部分は江戸時代に行われた衣ヶ浦干拓によるもので、穀倉地帯。丘陵部では愛知用水を利用した近郊農業が行われている。北部の丘陵部には森林や猿投山古窯群の古窯址が点在する。自動車産業が盛んな工業都市で、南部には健康・医療・福祉・介護関連機関集中するウェルネスバレーがある。

歳事●どぶろくまつり(長草天神社2月)マントウマ馬まつり(七社神社4月)子供三番叟(藤井神社祭礼10月)

特産●大府の夢(ふじや酒店)山芋焼酎 木の山(木の山生産組合)

知多

知多市
人口◉約85,800人

Chita-City
市の木◉ヤマモモ　市の花◉ツツジ

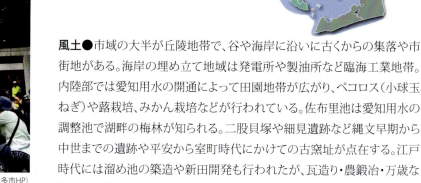

臨海工業地帯と丘陵丘陵に広がる田園地帯

日長神社の御馬頭祭り（知多市HP）

こめ　たまねぎ　うめ　みかん

風土◉市域の大半が丘陵地帯で、谷や海岸に沿いに古くからの集落や市街地がある。海岸の埋め立て地域は発電所や製油所など臨海工業地帯。内陸部では愛知用水の開通によって田園地帯が広がり、ペコロス（小球玉ねぎ）や蕗栽培、みかん栽培などが行われている。佐布里池は愛知用水の調整池で湖畔の梅林が知られる。二股貝塚や細見遺跡など縄文早期から中世までの遺跡や平安から室町時代にかけての古窯址が点在する。江戸時代には溜め池の築造や新田開発も行われたが、瓦造り・農鍛冶・万歳などの出稼ぎに行ったという。昭和45年、市制を施行した。

歳事◉日長の御馬頭祭り（日長神社4月）岡田の春まつり（岡田大門前4月）北粕谷地区祭礼（八幡神社4月）朝倉の梯子獅子（牟山神社10月）

特産◉たまり醤油・豆味噌（野彦醸造場）　ペコロス（小球玉ねぎ）　蕗

阿久比町　知多郡
人口◉約28,700人

Agui-Town
町の木◉モチノキ　町の花◉ウメ

地味が肥沃な稲作地帯、名声高い阿久比米

新美南吉の童話「ごんぎつね」ゆかりの権現山（阿久比町HP）

こめ　だいず　たまねぎ　みかん

風土◉知多半島の中央部に位置する内陸の町。丘陵と盆地からなる。北から南に阿久比川が流れ、名鉄河和線と県道55号が並走する。町域の約4割を農地と林野が占めている。地味が肥沃で稲作に適していることから「阿久比米」の名声は高い。昭和36年に愛知用水が完成して開墾面積が広がると、みかん栽培も行われた。板山長根古窯は鎌倉時代のものと推測される。徳川家康の生母・於大の方が暮らした町でもある。明治時代の合併で阿久比村となったが、それまでは「英比谷16か村」と呼ばれた。明治39年、阿久比3村が合併して誕生した。

歳事◉阿久比谷虫供養（町内13地区持回り秋分の日）春まつり祭礼（町内宮津・萩・大古根・横松地区各神社4月）

特産◉ほしいずみ（丸一酒造）阿久比米

東浦町　知多郡

人口◉約50,400人

Higashiura-Town
町の木●クスノキ　町の花●ウノハナ

丘陵地での巨峰栽培、洋ランの施設園芸も

東浦町源吾の谷（東浦町HP）

こめ

ぶどう

トマト

いちご

風土●知多半島北東部、衣浦湾の最奥にある。東部の田園地帯が広がる低地と中央部・西部の緩やかな丘陵地からなる。東部にはJR武豊線と国道366号、西部には名鉄河和線が通っている。古くから知多木綿の繊維工業と米作主体の農業を中心として発達したが、現在は木材工業や自動車関連産業が主流となっている。稲作の転換で、丘陵地での葡萄栽培、苺や洋ランの施設園芸などへと変わっている。明治39年に森岡村・緒川村・石浜村・生路村・藤江村が合併、誕生した。名古屋市に近いことから昭和45年以降、大規模な住宅開発が進んでいる。

歳事●おまんと祭り（町内各地域9月）だんつく獅子舞（藤江神社10月）お神楽（伊久智神社9月）五ケ村虫供養（秋分の日）

特産●卯の花（原田酒造）東浦巨峰ワイン（東浦森岡ぶどう組合）

南知多町　知多郡

人口◉約18,500人

Minamichita-Town
町の木●ウバメガシ　町の花●スイセン

豊かな自然環境の中で漁業と農業

南知多町豊浜鯛まつり（南知多町HP）

シラス

マダコ

トラフグ

風土●半島の先端と沖合いの篠島・日間賀島からなる。東に三河湾、南西は伊勢湾に面している。三河湾国定公園と南知多県立自然公園に指定されている。古くから漁業が盛んで、町内に豊浜・師崎・篠島・日間賀・大井・豊岡・山海の7漁港がある。豊浜漁港は県下一の水揚げ量を誇る。昭和36年に愛知用水が通ると都市近郊農業地帯へと発展した。同年、内海町・豊浜町・師崎町・篠島村・日間賀島村が合併して誕生した。

歳事●春の祭礼（内海地区4月）春まつり（豊丘熊野神社4月）豊浜鯛まつり（豊浜7月）日間賀島ぎおん祭り（西浜7月）師崎大名行列（羽豆神社10月）篠島おんべ鯛奉納祭（篠島10月）

特産●豆味噌・天たまり（徳吉醸造）魚醤しこの露（豊浜水産物加工協同組合）

知多

美浜町　知多郡
人口●約22,400人

Mihama-Town
町の木●クロマツ　町の花●ツツジ

海岸は国定公園、内陸は県立自然公園

国の天然記念物に指定されている鵜の山ウ繁殖地

 こめ　 みかん　 キャベツ　 きゅうり

風土●東は三河湾、西は伊勢湾に面している。東西両海岸に向かって広がる平地と、ほぼ中央を南北に知多丘陵が連なる。伊勢湾・三河湾の海岸地域は三河湾国定公園で、内陸部は南知多県立自然公園である。昭和30年、河和・野間の両町が合併し、美浜町が誕生した。白砂青松の海岸線に沿った平坦部に市街地が寄り添い、なだらかな起伏のある丘陵部にはアカマツやコナラの雑木林、果樹園や溜め池が点在するほか、カワウが生息する鵜の山ウ繁殖地（国天然記念物）や三河湾から伊勢湾に通じるオレンジライン（散策路）がある。愛知用水を利用した里山が広がる。
歳事●山車祭り（布土村天王祭礼・河和天神祭・上野間神武祭・小野浦浜祭り4月）
特産●豆味噌・天たまり（徳吉醸造）魚醤しこの露（水産物加工協同組合）

武豊町　知多郡
人口●約43,000人

Taketoyo-Town
町の木●クスノキ　町の花●サザンカ

伝統の豆味噌・たまり、5醸造蔵が守る

長尾地区祭礼・武雄神社（武豊町観光協会HP）

 こめ　 だいず　 いちじく　 ふき

風土●西部は丘陵、谷や河川流域の田園、海に続く平地に市街地が広がる。明治11年、長尾村と大足村が合併して武豊村が誕生、昭和29年に冨貴村と合併した。江戸時代に始まった醸造業は明治になって鉄道が開通、衣浦港が開港すると販路が拡大して豆味噌・たまりの一大生産地になる。昭和初期には50軒余の醸造蔵があったが、現在は5軒である。愛知用水が開通して稲作と酪農、花卉や野菜の栽培などの農業が発達した。
歳事●富貴地区祭礼（八幡社・知里付神社・縣社・秋葉社の5地区4月）長尾地区祭礼（武雄神社4月）大足地区祭礼（豊石神社7月）
特産●甘露溜（泉万醸造）傳右衛門たまり（伊藤商店）豆みそ・極醸たまり（カクトウ醸造）宝山味噌・宝山たまり（中定商店）オーガニックたまり（丸又商店）豆のたまり・豆みそ里の味（南蔵）

西三河

岡崎市
人口◉約385,000人

Okazaki-City
市の木◉ミカワクロマツ　市の花◉フジ

八丁味噌は城下町岡崎伝統の味

岡崎城と岡崎市街（岡崎市HP）

 こめ　 こむぎ　 いちご　 ぶどう

風土◉市域の60％が森林、東部は美濃三河高原の山地と岡崎平野の接点に位置する。矢作川が南流。乙川など20本程の支流がある。平野部には豊富な水を利用した大規模工場や水田地帯が広がる。北野廃寺跡は飛鳥時代に建立された寺院跡。鎌倉時代、三河守護職となった足利義氏が館を構えた矢作の東宿。徳川家康が生まれた岡崎城。東海道五十三次の宿場町で矢作川の船運や三州中馬の中継地として栄えた。明治時代、水車動力のガラ紡や愛知紡績所は地場産業の発達を促した。

歳事◉能見神明宮大祭（5月）大嘗祭悠紀斎田（市内4月）天満天神祭（9月）須賀神社の大祭（4月）矢作神社秋の大祭（10月）

特産◉八丁味噌（まるや八丁味噌・カクキュウ八丁味噌）家康（丸石醸造）孝の司（柴田酒造場）駒立ぶどう

碧南市
人口◉約71,700人

Hekinan-City
市の木◉カシノキ　市の花◉ハナショウブ

「へきなん美人」とみりんと白だしと‥

市のブランドへきなん美人のにんじん畑と玉ねぎ畑

にんじん　たまねぎ　マイワシ　ウナギ

風土◉碧海台地と矢作川沖積地からなる平坦地。唯一の天然湖水油ケ淵、矢作川、衣浦港と三方を水に囲まれる。昭和23年、新川・大浜・棚尾・旭の4町村が合併、誕生した。南部一帯は砂質土壌で露地野菜を栽培、県下有数の産地。北部は水稲・小麦・大豆等や果樹栽培が行われる。市内各所で施設園芸の他、南部の養豚団地を中心に畜産も盛ん。漁業は三河湾ではイワシやシラス、油ケ淵ではウナギなどが水揚げされる。伝統産業は窯業・鋳物・醸造など。臨海部工業地帯は発展を続けている。

歳事◉餅投げ（各地区9月〜11月）熊野大神社例祭（熊野大神社10月）

特産◉花菖蒲（相生ユニビオ）昇勢（永井酒造場）純三河本みりん（九重味醂）愛桜純米本みりん（杉浦味醂）しろたまり（日東醸造）白だし（七福醸造）白だし（ヤマシン醸造）へきなん美人（にんじん）

西三河

刈谷市
人口◉約150,100人

Kariya-City

市の木●クスノキ　市の花●カキツバタ

豊田自動織機の誘致から工業都市へ

天下の奇祭 刈谷万燈祭（刈谷市観光協会HP）

 こめ　 すいか　 はくさい　 なし

風土●衣浦湾へ注ぐ逢妻川の下流に位置する。市域は境川に沿って南北に長い平坦な地形で、逢妻川・猿渡川などの中小河川が東西に流れる。流域の低湿地帯は水田に利用されている。大部分は台地で工場や住宅地が広がる。北部の丘陵地帯では野菜や果樹の栽培が行われている。本刈谷貝塚など縄文の貝塚や古墳などが残る。天文2年、水野忠政が刈谷城主になると城下町としての体裁を整えた。昭和2年、豊田佐吉が豊田自動織機製作所を設立。戦後の高度経済成長とモータリゼーションの進展と相まって自動車関連産業の集積地として発展した。

歳事●万燈祭（市内・秋葉社7月）大名行列 奴のねり（正覚寺～市原稲荷神社5月）野田雨乞笠おどり（野田八幡宮8月）

特産●たまり醤油（中川醸造）芋川うどん 切り干し大根 坊ちゃんかぼちゃ

豊田市
人口◉約423,900人

Toyota-City

市の木●ケヤキ　市の花●ヒマワリ

「クルマのまち」は森と田園が広がる緑の街

矢作川と豊田スタジアム（Tomio344456）

 こめ　 もも　 ちゃ　 しいたけ

風土●県全体の17.8％を占める。全国有数の製造品出荷額を誇る「クルマのまち」として知られ、世界をリードするものづくり中枢都市としての顔を持つ一方、市域の約7割を占める豊かな森林、市域を貫く矢作川、季節の野菜や果物を実らせる田園が広がり、恵み多き緑のまちとしての顔を併せ持つ。北部の猿投・藤岡・小原地区や東部の松平・下山・足助・旭・小原地区には猿投山・六所山・炮烙山などの山があり、中部山岳地帯の南縁をなしている。南西部の上郷・高岡地区は三河平野に連なる平坦な田園地帯で、西側はやや高く名古屋市東部の丘陵地に連なる。市内には矢作川・籠川・伊保川・巴川・逢妻女川・逢妻男川が流れ、灌漑用の池が点在する。

歳事●松平権現祭（八幡神社松平東照宮4月）足助まつり（足助八幡10月）

特産●豊田政宗（豊田酒造）菊石（浦野合資会社）豆味噌（丸加醸造場）

安城市

人口●約187,200人

Anjo-City
市の木●クロマツ　市の花●サルビア

日本デンマーク‥農業先進都市として発展

安城産業文化公園デンパーク(安城市HP)

こめ　こむぎ　ほうれんそう　いちじく

風土●岡崎平野の中央、矢作川の西岸に位置する。碧海台地は安城ヶ原や五箇野ヶ原などと呼ばれた痩せ地で、水田は谷戸や溜池を利用した。明治12年、明治用水が開通すると大規模な開墾が行われ、田畑の面積も拡大し、県立の農林学校・農事試験場・農業補習学校・種鶏場などが置かれた。農業関連機関が集中した結果、ヨーロッパの農業国に擬えて「日本デンマーク」と呼ばれるほど農業先進都市として発展した。名古屋市から30kmという立地や内陸工業都市・豊田市や衣浦臨海工業都市・碧南市などに隣接していることもあり、急速に都市化が進んでいる。

歳事●安城桜まつり(安城公園・城山公園・日の出公園４月)安城七夕まつり(市内一円８月)

特産●神杉(神杉酒造)三河安城(マルコウ酒店)そうめん　安城ハム

西尾市

人口●約172,000人

Nishio-City
市の木●クスノキ　市の花●バラ

六万石の城下町、抹茶の生産量は日本一

三河湾パノラマ(西尾市観光協会HP)

ちゃ　なす　ウナギ　アサリ

風土●矢作川流域の南端に位置し、東に三ヶ根山などの山々、西に矢作川、南は三河湾。鎌倉時代に足利義氏によって築かれたと伝えられる西条城は地域の拠点となり、西尾城と改称された江戸時代に城下町として発展した。明和元年、大給松平家の居城となると六万石城下町として商業が賑わい、その栄華は祇園祭として今も残されている。昭和28年に市制を施行し、西三河南部地域の中核的な都市として自動車関連産業とともに成長した。一方で日本有数の生産量を誇る抹茶(てん茶)やカーネーション・養殖ウナギ・アサリなど農水産物の生産拠点でもある。三ヶ根山や三河湾の佐久島一帯は三河湾国定公園に指定されている。

歳事●祇園祭(歴史公園７月)三河一式大提灯まつり(諏訪神社８月)

特産●尊皇(山崎合資会社)あいおい(相生ユニピオ)

西三河

知立市
人口●約71,300人

Ciryu-City
市の木●ケヤキ　市の花●カキツバタ

鎌倉街道・東海道、古くから交通の要衝

知立まつり（愛知県観光協会Aichi Now）

こめ　こむぎ　だいず　なし

風土●名古屋市や岡崎市のベッドタウン。市街はほぼ平坦地で、南部を西流する猿渡川流域に田園地帯が広がっている。景行天皇42年に創建された知立神社の門前町が始まり。古来からの交通の要衝だった。頼朝が開いた鎌倉街道の宿駅は八橋、東海道39番目の宿場町は池鯉鮒（ちりふ）。知立神社の旧称が池鯉鮒大明神である。戦国時代には知立神社神主の永見氏が知立城を居城とした。桶狭間の戦い後は水野忠重が知立城に入った。広重が「東海道五十三次　池鯉鮒首夏馬市」に描くように宿場町は馬市や木綿市で賑わった。宿場の名残は其処彼処に残っている。知立神社祭礼も江戸時代から続く。昭和45年知立町が市制を施行、誕生した。

歳事●知立まつり（知立神社5月）秋葉まつり（秋葉神社9月）

特産●あんまき

高浜市
人口●約47,700人

Takahama-City
市の木●クスノキ　市の花●キク

窯業の街、三州瓦の中心産地

鬼みちまつり（高浜市観光協会HP）

こめ　こむぎ　だいず　だいこん

風土●衣浦湾東岸に位置する。対岸に半田市と東浦町に接する。市域は矢作川の三角州の平坦地で、大半が洪積台地である。東から南へ流れる高浜川流域の沖積低地一帯に田畑が広がる。北部の吉浜地区では養鶏も行われている。西部の臨海地区は自動車製造関連を中心とする工場地帯。古くから窯業が盛んで、三州瓦の中心産地である。築城が活発になった室町時代、江戸時代には衣浦湾から船で江戸に運ばれた。明治時代には民家に瓦葺きの屋根が増えて需要が急増、農家の副業として瓦造りが行われた。半田市を結ぶ衣浦大橋の入口近くにかわら美術館がある。

歳事●花の塔（柳池院・宝満寺5月）おまんと祭り（春日神社・八劔神社10月）射放弓（八劔神社・神明社10月）

特産●高浜とりめし

みよし市

人口●約60,900人

Miyoshi-City
市の木●クロマツ　市の花●サツキ

三好池を中心に住宅・工場・田園が共存

三好池まつり花火大会（みよし市HP）

かき

なし

ぶどう

はくさい

風土●市域は猿投山麓から南に開けた丘陵地と平野からなる。西部は東郷町との境界に沿って境川が流れる。北部には山林地域、南部には果樹園など田園地域が広がる。谷地形を利用した溜め池が多い。カヌー競技場がある三好池はじめ保田ケ池・細口池・四井池など大小数十カ所が点在する。用途は水田の引き水用だが、自然を生かした公園としても利用している。田園地帯には自動車関連産業をはじめ数多くの工場が点在する。名古屋市や豊田市に近いことから名鉄の駅がある三好ケ丘や黒笹周辺ではベッドタウン化が進む。平成22年、市制を施行した。

歳事●三好池まつり（三好池8月）三好大提灯まつり（三好稲荷閣8月）三好八幡社秋の大祭（10月）

特産●梅ワインあざみ野（福井酒造）

幸田町　額田郡

人口●約40,600人

Kota-Town
町の木●ヤマザクラ　町の花●ツバキ

丘陵地で果樹栽培、筆柿の生産量日本一

幸田町の田園風景（maplebox.exblog.jp）

かき

なし

いちじく

もも

風土●東部と南西部は丘陵地帯、中央部から北部にかけて広田川が流れ、流域に平野が広がる。町の東部には遠望峰山（441m）があり、西尾市と蒲郡市の境界には三河国定公園に属する三ヶ根山（326m）がある。広田川流域には水田や小麦・大豆の畑が広がる。丘陵地では果樹栽培が行われている。特に須美・長嶺・桐山地区で生産されている筆柿は全国シェアの95%を占めて日本一。町の特産物に指定されている。苺や茄子などハウス栽培も盛んである。

歳事●こうた凧揚げまつり（菱池地内1月）幸田しだれ桜まつり（幸田文化公園4月）本光寺紫陽花まつり（本光寺6月）幸田彦左まつり（幸田中央公園7月）

特産●筆柿　長茄子　みかん　葡萄　いちご

東三河

豊橋市
人口●約378,800人

Toyohashi-City
市の木●クスノキ　市の花●ツツジ

江戸時代は三州吉田…貿易と農業の街

豊橋公園の吉田城（愛知県観光協会Aichi Now）

かき　いちご　もも　ぶどう

風土●渥美半島の付け根、豊橋平野に位置する。東は弓張山系を境に静岡県と接し、南は太平洋、西は三河湾に面している。中央部は市街地で豊橋駅を中心に商店街が発達している。豊川と朝倉川が合流する中心部は江戸時代、三州吉田藩の城下町で東海道の吉田宿。中世から吉田と呼ばれていたが、明治2年の版籍奉還で豊橋に改称した。西部は三河港を中心にした臨海工業地帯である。豊川用水が開通すると、南部の台地では開拓が行われて農地が広がり、野菜栽培が行われるようになった。石巻山が聳える北部の丘陵地帯では果樹栽培が盛んである。

歳事●豊橋鬼祭（阿久美神戸神明社2月）豊橋祇園祭（吉田神社他7月）羽田祭（羽田八幡宮10月）二川八幡神社例大祭（八幡神社10月）

特産●四海王（福井酒造）公楽（伊勢屋商店）

豊川市
人口●約180,400人

Toyokawa-City
市の木●クロマツ　市の花●サツキ

豊川稲荷の門前町、東三河農業地帯の中核

砥鹿神社の田遊祭（愛知県観光協会Aichi Now）

こめ　いちご　おおば　トマト

風土●県北部は本宮山麓（県立自然公園）が連なり、中央部から広がる平野の東部には奥三河を源とする豊川が流れ、南部は三河湾に面している。古くは三河の国府、国分寺、国分尼寺が置かれて栄えた。近世以降は東海道の御油・赤坂宿、豊川稲荷の門前町として親しまれた。昭和18年、豊川町、牛久保町、国府町、八幡村が合併し、誕生した。昭和20年8月7日、空襲で壊滅した。豊川用水の通水で、大葉、菊、バラなどの施設園芸、水稲・畜産など東三河の中核的な農業地帯となっている。

歳事●田遊祭（砥鹿神社1月）国府の市（国府町旧東海道2月）知恵文殊まつり（財賀寺3月）風まつり（菟足神社4月）豊川稲荷鎮座祭（豊川稲荷11月）

特産●豊川いなり寿司

蒲郡市
人口●約80,600人

Gamagori-City
市の木●クス　市の花●ツツジ

地域生産者と都市で暮らす人たちの交流場

竹島海岸の潮干狩り（蒲郡市HP）

風土●南部は三河湾に面し、三方を山に囲まれる。三河湾国定公園に指定されている。約47kmの海岸線沿いに4つの温泉地を持ち、市内には神社や仏閣が多い。変化に富んだ景勝は万葉の歌人や近代の作家にも愛され、数多くの文人が好んで訪れた。早くから織物・繊維ロープ工業が発展した。果樹栽培が盛んで、ハウスみかんについては日本有数の出荷量がある。農業と観光を結び付けた蒲郡オレンジパークは地域農業者と都市生活者のふれあい農業公園。みかん・いちご・メロン・ぶどうなど年間を通じて収穫体験をしている。

歳事●薬證寺火祭り（7月）蒲郡まつり（竹島埠頭・蒲郡埠頭7月）三谷祭（三谷町一帯10月）

特産●蒲郡みかん　海老せんべい　アカザエビ　ニギス　メヒカリ

みかん

いちご

メロン

アサリ

新城市
人口●約47,800人

Shinshiro-City
市の木●ヤマザクラ　市の花●ササユリ

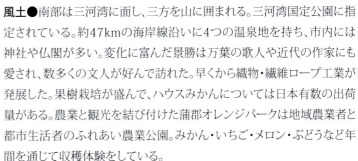

鞍掛山麓、四谷地区の石積みの千枚田

四谷の千枚田（愛知県観光協会Aichi Now）

風土●市域の84％は森林に覆われ、東三河一帯の水源の役割を果たしている。長篠・設楽原の戦で功績のあった奥平信昌が家康の長女亀姫をめとり築いたのが新城城。指名の由来だ。「三河の嵐山」と呼ばれる桜淵公園、鳳来寺山、作手高原、1,300年も続く湯谷温泉など観光地が森林地帯に点在する。千枚田のある四谷地区は鞍掛山の南西斜面に広がる集落で、石積みの棚田は標高220m付近から420m付近まで広がる。鞍掛山を水源に持ち、大代・大林・身平橋・田の口の4集落で構成されている。素人歌舞伎・田楽をはじめとする伝承芸能などが残っている。

歳事●長篠合戦のぼりまつり（長篠城址5月）乗本万灯（万灯山8月）建物花火（新城中学校校庭10月）富永神社例大祭（10月）

特産●朝日嶽（日野屋商店）しんしろ茶　鳳来牛　八名丸さといも　五平餅

ちゃ

かき

さといも

じねんじょ

東三河

田原市
人口●約63,200人

Tahara-City
市の木●クスノキ　市の花●ナノハナ

農業算出額は全国一、多様な生命の宝庫

台地に広がるキャベツ畑

 キャベツ
 ブロッコリー
 メロン
 すいか

風土●県南端に位置し、渥美半島の付け根部分を除いてほとんどの部分を占めている。市域の北は三河湾、南は太平洋、西は伊勢湾と三方を海に囲まれ、三河湾国定公園、渥美半島県立自然公園に指定されている。特に蔵王山・伊良湖岬・大石海岸などには多様な動植物が育成する貴重な自然が残されている。洪積台地である太平洋側が高く、三河湾側に低くなり、北部から西部にかけて蔵王山や大山などの山がある。黒潮の影響で温暖だが、年間を通じて風が強い。昭和24年の宇連ダムを皮切りに昭和43年の豊川用水全面通水以来、飛躍的な発展を遂げ、農業産出額は全国市町村第1位、収益性の高い農業が営まれている。

歳事●ごせんだらまつり(伊良子神社12月)おたが祭り(長仙寺3月)

特産●みかわポーク　田原牛　あつみ牛　キャベコロ

設楽町　北設楽郡
人口●約5,000人

Shitara-Town
町の木●ブナの木　町の花●シャクナゲ

高原の穀倉地帯は三大水系の水源地

高原の穀倉地帯(設楽町役場HP)

 ルネッサンストマト
 てんぐなす
 とうもろこし
 こめ

風土●平成17年、設楽町と津具村が合併して誕生した。県の北東部に広がる三河山間地域の中央に位置し、北は長野県根羽村と隣接している。町域の約9割を占める山林は、1,000m級の山々が連なり、豊川・矢作川・天竜川という三大水系の水源地である。伊那街道沿いに市街地になっている田口地区、山道を抜けると平坦地が広がり、山間地域では有数の農業地帯となっている名倉地区及び津具地区、国の無形民族文化財の田峯田楽をはじめとする数多くの郷土芸能が残る清嶺地区がある。西部には県内最大級のブナ・ツガ林、きららの森「段戸裏谷原生林」が広がる。

歳事●津具花祭(白鳥神社1月2日)参候祭(三都橋津島神社11月)念仏踊り(各集落8月14〜17日)

特産●蓬莱泉(関谷醸造)天狗なす　ルネッサンストマト　エゴマ　段戸牛

東栄町　北設楽郡

人口◉約3,400人

Toei-Town
町の木◉スギ　町の花◉ヤマユリ

明治以降、優良な三河杉の産地として

蔦の淵(東三河総局新城設楽振興事務所山村振興課)

ちゃ　ブロイラー　アユ

風土●県東北部に位置し、東端は静岡県に接する。町域の90％以上が森林で池場の峠は豊川水系と天竜川水系の分水嶺。町の最高点、標高1,016mの明神山を筆頭に700mから1,000m級の山々が峰を連ね、その間を縫うように西から東へ天竜川水系の大千瀬川や奈根川が谷を刻む。集落は急流沿いのわずかな平地や緩斜面に点在する。明治以降、馬・養蚕・木材の産地、特に優良な三河杉の産地としてその名を馳せ、明治以降100年にわたって町の繁栄を支えてきた。

歳事●しかうち神事(町内4地区1月～3月)西薗目田楽(西薗目八幡神社4月)花祭り(町内11地区11月～3月)白山祭り(古戸白山神社12月)

特産品●蜂龍盃(森山酒造)　東栄チキン　原木椎茸　緑米

豊根村　北設楽郡

人口◉約1,200人

Toyone-Village
村の木◉スギ　村の花◉スイセン

四季を楽しむ‥県内最高峰の茶臼山

茶臼山高原(愛知県観光協会Aichi Now)

トマト　ちゃ　ブルーベリー　アマゴ

風土●県北東部(奥三河)に位置する。町域の90％が山林で、いたるところ渓流が流れる自然環境に恵まれた地域である。平成17年に富山村と合併した。湧水がいくつもあり、水道水がおいしい。釣り場としても人気がある佐久間ダム、新豊根ダム造成でできたみどり湖周辺は桜と紅葉の名所になっている。県内最高峰の茶臼山(1,415m)は、40万株の芝桜、キャンプ、紅葉、スキーと四季を通じて楽しめる。700年以上継承されている神事芸能「花祭」(国指定重要無形民俗文化財)が毎年11月から1月までの間、村内3ケ所で行われる。

歳事●花祭り・御神楽祭り(熊野神社1月初旬)念仏踊り(8月中旬村内5カ所)

特産●金山寺味噌　五平餅

冬の早朝、篠島へ。
高速船は波けちらして朝日をめざす。

山頭火が訪れたのは春風吹く日。
波の上をゆきちがふ挨拶投げかはして

事業を通じて社会に奉仕します

コノミヤ東海事業本部
〒458-0021 名古屋市緑区滝ノ水三丁目 301 番地
TEL 052-892-1001 FAX 052-892-7832

Fresh & Tasty
POWERS
パワーズ

おかげさまで20周年

株式会社　シジシー・ショップ東海
〒475-0833　愛知県半田市花園町3-13-1
TEL 0569-56-1262

私たちだからこその、使命があります。

食の安全・安心をしっかりと支えること。
生産者から生活者まで、すべての人たちを笑顔で結ぶこと。
三菱食品が担う使命は食品流通の枠を超え広がっています。
食と暮らしの明日を創造する中核企業として、
強いネットワーク力で、革新の提案力で、
私たちだからこその使命を、これからも果たしていきます。

三菱食品

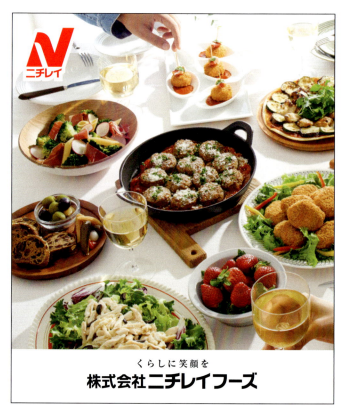

大木 進 画

ご協力ありがとうございました。

愛知県農林水産部食育推進課
愛知県農林水産部農業経営課
愛知県農林水産部農林政策課
愛知県農林水産部園芸農産課
愛知県教育委員会
愛知県観光協会
愛知県酒造組合
愛知県味噌溜醤油工業協同組合
名古屋観光コンベンションビューロー
愛知県市町村・市町村観光協会
安達内美子（名古屋学芸大学管理栄養学部）
中川隆文（合名会社中定商店）
中川やよい（合名会社中定商店）
杉浦嘉信（杉浦味醂株式会社）
犬塚元裕（七福醸造株式会社）
神本剛（有限会社たつみ麺店）
神本紀美子・苫川清子（たつみ麺店）
平松健介（株式会社平松食品）
澤田研一（澤田酒造株式会社）
浅井信太郎（株式会社まるや八丁味噌）
杉本多起哉（上杉酒造株式会社）
伊藤雅啓（常滑市 魚楽）
八木賢治・フミエ（やぎさんちの台所）
八木輝治（有限会社鍋八農産）
高木幹夫（あいち在来種保存会）
長田勇久（日本料理一灯）
山下弘達（日本料理一灯）
永井千春（碧南市）
杉浦剛・さち子（美浜町）
杉浦大地（美浜町 杉浦農園）
河合直樹（株式会社トレスクリエイト）
山口義弘・幸江（名古屋市緑区）
松葉由紀子（新日本有限責任監査法人）
佐藤久美子（タベル・プラス株式会社）
よしの たかこ（オーガニックファーマーズ名古屋）
石川卓哉（田原市 石川農園）
松井直美（江南市 おが菜園）
梅村里海・牧野麻衣（岡崎市 のんのんファーム）
Steven Ward & Ximena Elgueda（美浜町）
辻根美（篠島お魚の学校）
宮島直也（犬山市 虹いるか農園）
佐橋麻衣子（丹羽郡扶桑町 SAHACO）
後藤 敬（北設楽郡設楽町 ルネッサンストマトプロモーショングループ）
佐々木富美子（北設楽郡設楽町 とみちゃんの畑）
村田典弥・映子（新城市 八名丸里芋農家）
渡辺みさ子（愛西市 はす工房）
伊藤文雄・トモエ（愛西市 蓮根農家）
森川美保（美浜町 季の野の森）
川端雄一郎・中島薫子・野村和永・近藤耕治…
黒宮時子（三重県木曽岬）
齋藤巴櫻・榊原まみか・横山友紀・梅村晶子・山内夏美
近藤光男（名古屋市緑区）
美浜町・武豊町農村生活アドバイザー
株式会社 シジシージャパン
全国美土里ネット
株式会社 げんきの郷
野菜ソムリエコミュニティーあいち
日本ペーパーサービス株式会社
その他たくさんの方からご協力いただきました。（順不同）

ご協賛ありがとうございました。

株式会社義津屋
サンビレッジフーズ株式会社
株式会社シバタ・たつみストアー株式会社
株式会社不二屋
株式会社シジシー・ショップ東海

カゴメ株式会社
株式会社日本アクセス
三菱食品株式会社
UCC 上島珈琲株式会社
味の素株式会社
イセ食品株式会社
イチビキ株式会社
伊藤ハム販売株式会社
カルビー株式会社
株式会社紀文食品
キユーピー株式会社
キリンビバレッジ株式会社

コーミ株式会社
株式会社昭和
株式会社真誠
寿がきや食品株式会社
株式会社種清
永井海苔株式会社
ナカモ株式会社
株式会社ニチレイフーズ
日清オイリオグループ株式会社
日清食品株式会社
日本ハム東販売株式会社
株式会社浜乙女
フジパン株式会社
マルサンアイ株式会社
株式会社 Mizkan
株式会社明治
名糖産業株式会社
株式会社東海シジシー

あいちのおかず
郷土の食材と料理
服部一景・編著

発　行	2017 年 7 月 25 日
発行所	開港舎
発行者	服部一景

〒240-0112
神奈川県三浦郡葉山町堀内 595-8
046-875-1488 (Fax & Tel)
http://kaikousha.main.jp

発売所　河出書房新社
〒151-0051
東京都渋谷区千駄ヶ谷 2-32-2
03-3404-1201（営業）
http://www.kawade.co.jp/

印刷・製本所　大日本印刷株式会社

編　集　開港舎 編集室
　　　　服部一景　取材・撮影・イラスト・文
　　　　服部一甫　フードスタイリング・レシピ
　　　　服部麻衣　文・レイアウト・DTP

落丁・乱丁本はお取り替えいたします。
本書のコピー、スキャン、デジタル化等の無断複製は著作権法上での例外を除き禁じられています。本書を代行業者等の第三者に依頼してスキャンやデジタル化することは、いかなる場合も著作権法違反となります。
©KAIKOUSHA 2017
Printed in Japan
ISBN978-4-309-92128-0